Heute schon die Wirklichkeit getestet?

AF280948

Daniel Erlacher

Anleitung zum Klarträumen

Die nächtliche Traumwelt selbst gestalten

Dr. Daniel Erlacher, Ruprecht-Karls-Universität Heidelberg, Wissenschaftlicher Mitarbeiter am Institut für Sport und Sportwissenschaft.

Erlacher, D. (2010). *Anleitung zum Klarträumen – Die nächtliche Traumwelt selbst gestalten.* Norderstedt: BoD.

Bibliografische Information der Deutschen Nationalbibliothek

Die Deutsche Nationalbibliothek verzeichnet diese Publikation in der Deutschen Nationalbibliografie; detaillierte bibliografische Daten sind im Internet über dnb.d-nb.de abrufbar.

Impressum

© 2010 Dr. Daniel Erlacher
Herstellung und Verlag: Books on Demand GmbH, Norderstedt
Umschlagfoto: Nicolai vor seiner Traumreise mit Schlafmessung. Foto von Daniel Erlacher mit freundlicher Genehmigung von Nicolai.

ISBN 978-3-8423-3074-0

Inhalt

1 Einleitung

Vor nun über zehn Jahren erfuhr ich, dass es Klarträume gibt. Was ich damals in Stephen LaBerges Buch „Hellwach im Traum" las, klang irreal – zu schön, um wahr zu sein: Wenn es einem Träumenden gelingt, zu erkennen, dass er gerade träumt, dann kann er den Fortgang seines Traums selbst bestimmen. Er schreibt dann das Drehbuch für den Film in seinem Kopf.

Auf der Erde findet sich wohl kein potenterer Rechner als unser Gehirn. Und dieser Supercomputer in unserem Kopf bietet unendliche Möglichkeiten – im Klartraum wird er für die eigenen grenzenlosen Abenteuer angezapft. Jedoch haftete den Ausführungen von LaBerge viel Esoterisches an. So schrieb er von außerkörperlichen Erfahrungen während des Träumens: Der Träumer verlässt dabei seinen wahren realen Körper und wandelt als „Traumgeist" in der wirklichen Welt umher. Diese Szenen klangen für mich doch sehr nach Fantasy-Roman.

In einem späteren Kapitel jedoch beschrieb LaBerge verschiedene Techniken, mit denen man das bewusste Träumen selbst erlernen konnte. Mit Neugier und einiger gesunder Skepsis befolgte ich die Anweisungen. Ich wollte lernen, die Regie in meinen Träumen zu übernehmen. Mit jedem Tag wuchs meine Faszination – und die Liste mit Dingen, die ich in meinen Träumen ausprobieren wollte. Doch ich wurde nachts nicht klar. Mir gelang es nicht, meine Träume zu kontrollieren.

Ich versuchte alles, monatelang. Erfolglos. Doch das Schlimmste war: Mein Bruder, der noch größere Skeptiker, schaffte es nach wenigen Versuchen, einen Klartraum zu erleben. Damit war für mich auch der letzte Zweifel an der Existenz von Klarträumen ausgeräumt. Nach dem Triumph meines Bruders wuchsen meine Selbstzweifel – und meine Entschlossenheit. In der folgenden Nacht stellte ich meinen Wecker so, dass er in jeder Stunde klingelte. Nach acht langen Stunden mit sehr wenig Schlaf und nicht dem kleinsten Anflug eines Traumbewusstseins zog ich frustriert den Stecker des Weckers und schloss die Augen. Eine Stunde später wachte ich wieder auf – mit einem breiten Grinsen im Gesicht. Ich hatte das erste Mal die Regie meiner Träume übernommen:

1

> „Ich spielte in der Küche Basketball gegen zwei hünenhafte Gestalten, dann merkte ich plötzlich, dass etwas nicht stimmt. Man spielt in der Küche nicht Basketball. Schon gar nicht gegen zwei Riesen. Das musste ein Traum sein. Durch diese Erkenntnis war es mir möglich, den Traum bewusst zu lenken. Ich kehrte dem Basketballspiel den Rücken zu, öffnete das Fenster, stellte mich auf das Sims und begann zu fliegen…"

Dieser Flug war ein wunderschönes und beeindruckendes Erlebnis. Obwohl ich lange auf meinen ersten Klartraum warten musste, zog mich diese Erfahrung so sehr in den Bann, dass ich mich seitdem intensiv mit diesem Phänomen auseinandersetzte. Ich las alles, was über Klarträume geschrieben wurde, lernte bei Stephen LaBerge an der Stanford University das Handwerkzeug der experimentellen Klartraumforschung, sammelte Daten und führte für meine Doktorarbeit eigene Experimente durch. Das wichtigste Ergebnis: Vieles deutet auf die Möglichkeit hin, während des Klartraums gezielt Bewegungen trainieren zu können. Im Rahmen meiner Forschungen als Sportwissenschaftler untersuchten wir auch verschiedene Techniken, um Klarträume zu erlernen. Die effektivsten davon werde ich in diesem Buch vorstellen.

Doch eines vorweg: Wer ein Klarträumer werden will, braucht Ausdauer. Sie müssen hart trainieren. Der Aufwand ist vergleichbar mit dem Ziel, einen Marathon zu laufen. Die Vorbereitung ist lang und steinig – doch wenn man dann schließlich zum ersten Mal im Ziel ist, weiß man: Es hat sich gelohnt.

Wille, Disziplin und Talent sind entscheidend – sowohl beim Marathonlauf als auch beim Klarträumen. Manche sind nach einer Woche am Ziel ihrer Träume, andere müssen einige Monate lang üben.

Zum Klarträumer wird man durch einen Moment der Erkenntnis, der Erleuchtung, des Bewusstwerdens. Es ist ein wenig wie mit Neo in dem Kultfilm *Die Matrix*. Warum konnte Neo die Matrix verändern? Warum war er dort unbesiegbar? Weil er erkannt hatte, dass sie eine Illusion ist.

„Es ist schwer zu erklären, was die Matrix ist. Man muss sie selbst erleben." Folgen Sie also Morpheus Rat: Schlucken Sie die rote Pille. Gehen sie nachts ins Wunderland. Bauen Sie sich Ihre eigene Welt, erleben Sie, was Sie schon immer einmal erleben wollten.

Ich wünsche Ihnen viel Spaß beim Lesen – und eine allzeit gute Reise durch Ihre Matrix.

2 Schlaf und Traum

Wenn wir uns am Abend ins Bett legen, unsere Augen schließen und einschlafen, dann haben wir normalerweise kein Erleben von unserem Schlaf. Die nächtliche Ruhe zeichnet sich dadurch aus, dass die Sinne weitestgehend abgeschaltet sind und wir uns einem nahezu bewusstlosen Zustand hingeben. Schlaf ist jedoch ein komplexer Vorgang und auf keinen Fall ein einfaches Ausknipsen der Neuronen in unserem Kopf. Vielmehr verändert sich die Aktivität im Gehirn ständig: Von „viel" zu „wenig" – und das in immer wiederkehrenden Schleifen. Diese Veränderungen während des Schlafs sind messbar. Bevor also auf Klarträume eingegangen werden kann, ist es notwendig, einige physiologische Grundlagen des Schlafs grob zu skizzieren und ein paar Einblicke in die moderne Traumforschung zu geben.

2.1 Schlafmessung im Labor

Der Schlaf wird – medizinisch betrachtet – durch drei physiologische Parameter bestimmt: Gehirnwellen, Augenbewegungen und den Muskeltonus. Diese Messungen werden durch folgende Methoden erfasst:

- **Die Elektroenzephalographie (EEG) misst die Gehirnaktivität.**
- **Die Elektrookulographie (EOG) misst die Augenbewegungen.**
- **Die Elektromyographie (EMG) misst den Muskeltonus.**

Für die Messung werden Elektroden verwendet, mit denen die geringen Veränderungen der elektrischen Spannungen im Gehirn erfasst und mit Hilfe von Verstärkern an einen Computer übertragen werden. Auf dem Monitor können dann die charakteristischen Gehirnwellen beobachtet werden. In ▶Abbildung 1 sind beispielhaft die Kurven einer solchen Aufzeichnung dargestellt. Die Anzahl und die Positionen der Elektroden sind in einem weltweit gültigen Manual der amerikanischen Akademie für Schlafmedizin (AASM) festgelegt.

Gehirnaktivität. Für die Messung der Gehirnwellen müssen mindestens drei EEG-Elektroden auf dem Kopf fixiert werden. Dies geschieht

2

mit einer speziellen Klebepaste, die auch bei einem unruhigen Schläfer für einen guten Halt sorgt. Die Referenzen werden hinter den Ohren angeklebt. Um den Schlaf zu beurteilen, muss der Gesamtzustand des Gehirns betrachtet werden. Bereits die Wellen einer Elektrode würden ausreichen, um den Schlaf sicher zu beurteilen. Durch die drei Elektroden können demnach auch lokale Veränderungen beobachtet werden, die für die Schlafmedizin wichtig sind.

Augenbewegungen. Die Augenbewegungen werden durch zwei EOG-Elektroden erfasst, die seitlich neben den Augen mit Kleberingen angebracht werden. Wenn sich die Augen bewegen, verändert sich das elektrische Feld um das Auge, das wie ein elektrischer Dipol wirkt. Diese Veränderungen werden von den Elektroden erfasst.

Muskeltonus. Die Muskelspannung wird mit drei EMG-Elektroden am Kinn gemessen. Das EMG spiegelt dabei die Grundspannung der Muskulatur im Körper wider, die sich während der einzelnen Schlafstadien verändert. In ▶ Abbildung 1 sind die Positionen aller Elektroden dargestellt.

Die Messung des Schlafs wird als Polysomnographie bezeichnet, die Ableitung von EEG, EOG und EMG als Standardableitung. Zeichnet man diese über eine Nacht hinweg auf, so zeigen sich Veränderungen in den physiologischen Parametern, die sich zyklisch wiederholen. Anhand dieser Veränderungen kann man den Schlaf in verschiedene Stadien unterteilen. Die Identifikation der Schlafstadien richtet sich dabei

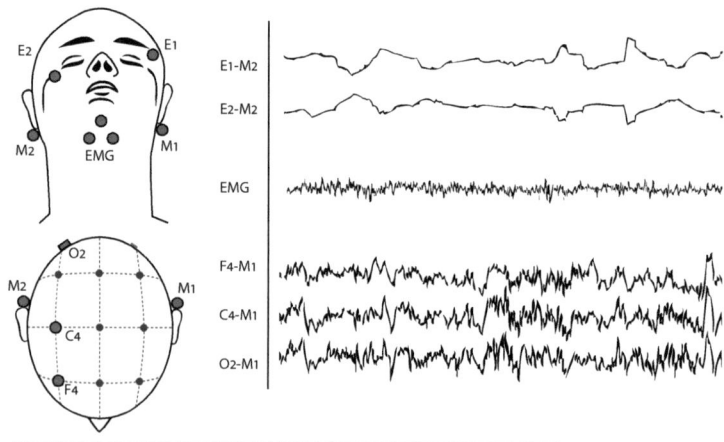

Abbildung 1   Standardableitung nach AASM

Tabelle 1 Schlafstadien, Bezeichnungen und prozentuale Schlafanteile eines gesunden Schläfers

Stadium	Bezeichnung	Prozent
Stadium W	Wachzustand	< 5 %
Schlafstadium N1	Übergang von Wachen zu Schlaf	5 %
Schlafstadium N2	stabiler Schlaf	50–55 %
Schlafstadium N3	Tiefschlaf	15–25 %
Schlafstadium R	REM-Schlaf (Rapid Eye Movements)	20–25 %

nach Kriterien, die im AASM-Manual festgelegt sind. Insgesamt werden vier Schlafstadien unterschieden (▶ Tabelle 1).

Die Stadien N1, N2 und N3 werden auch als Stadium NREM zusammengefasst und stehen somit im Gegensatz zum REM-Schlaf. Das „N" steht dabei für „Non-" also „kein" REM-Schlaf. Führt man eine polysomnographische Aufzeichnung durch, dann zeigt sich, dass NREM-Schlaf und REM-Schlaf innerhalb von etwa 90 Minuten zyklisch aufeinander folgen. Der Tiefschlaf ist eher in der ersten Nachthälfte, der REM-Schlaf dagegen in der zweiten Nachthälfte dominant.

Pro Nacht ergeben sich bei einer Schlafzeit von acht Stunden durchschnittlich fünf bis sechs dieser Zyklen. Die Darstellung der Schlafstadien für eine Nacht erfolgt in einem sogenannten Schlafprofil oder Hypnogramm (▶ Abbildung 2). Neben der Differenzierung durch die physiologischen Parameter werden die Schlafstadien auch auf funktionaler Ebene unterschieden. Stadium N1 nennt man auch Einschlafstadium. Das Stadium N2, das prozentual den größten Teil einer Nacht einnimmt, wird als der eigentliche Schlaf bezeichnet. Im Stadium N3 ist der Schlaf sehr tief, die Muskeln sind erschlafft, Herz- und Atemfrequenz sind langsam und regelmäßig. Man bezeichnet dieses Stadium auch als Tiefschlaf.

22 REM-Schlaf – Tor zum Träumen?

Der REM-Schlaf ist ein besonderes Schlafstadium. Er wurde im Jahr 1953 von Eugene Aserinsky und Nathaniel Kleitman das erste Mal in einer wissenschaftlichen Publikation beschrieben und in den darauf folgenden Jahren in zahlreichen Studien untersucht. Charakteristisch sind rasche Augenbewegungen. Daher auch sein Name: **R**apid **E**ye **M**ovement (REM). Zudem ist das Gehirn ähnlich aktiv wie im Stadium

2

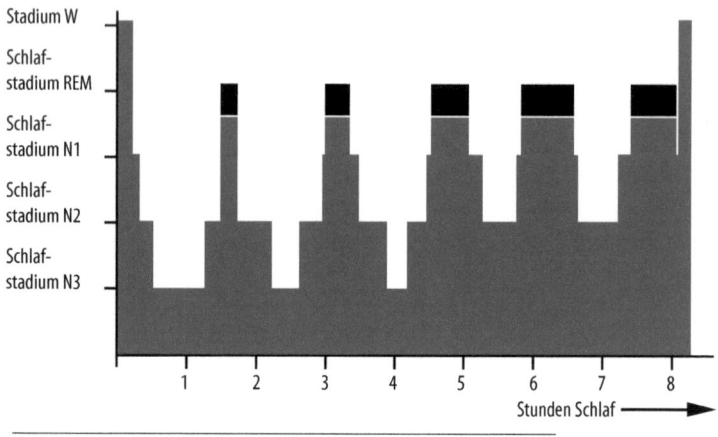

Abbildung 2   Idealisiertes Schlafprofil

N1. Im Gegensatz zum Stadium N1 ist der Schlaf in REM jedoch in der Regel tiefer und von einem Fehlen des Muskeltonus geprägt. Der Körper ist vollkommen erschlafft. Aus diesem Grund („aktives" Gehirn und „inaktiver" Körper) wird dieses Schlafstadium häufig als paradoxer Schlaf bezeichnet.

Aber nicht nur Gehirnwellen, Augenbewegungen und Muskeltonus, sondern auch Herz- und Kreislauffunktion, Sexualorgane, hormonelle Sekretion und andere funktionelle Systeme zeigen im REM-Schlaf andere Aktivitäten als im NREM-Schlaf. Ein weiterer Unterschied zwischen REM- und NREM-Schlaf wurde bereits 1953 von Aserinsky und Kleitman vermutet – nämlich der, dass im REM-Schlaf Träume stattfinden. In einer klassischen Untersuchung von William Dement, der zu dieser Zeit ebenfalls im Labor von Kleitman arbeitete, bestätigte sich diese Vermutung. Die beiden Forscher konnten zeigen, dass sich die aus dem REM-Schlaf geweckten Versuchsteilnehmer in 80 Prozent der Fälle an einen Traum erinnern konnten. Dagegen lag die Traumerinnerung bei den NREM-Weckungen bei sieben Prozent. Der REM-Schlaf schien einen direkten Zugang zu den Träumen darzustellen.

Verschiedene Nachfolgestudien brachten jedoch ernüchternde Ergebnisse: Es zeigte sich, dass Versuchspersonen zu über 50 Prozent auch aus NREM-Weckungen Träume berichteten. Diese Traumberichte sind in der Regel kürzer und weniger detailgetreu wie die nach REM-Träumen. Umgekehrt konnten einige Personen auch nach mehreren Weckungen aus dem REM-Schlaf keine Träume erinnern. Daher wäre eine

Gleichsetzung von REM-Schlaf und Traumschlaf falsch. Es scheint, als ob REM-Schlaf (physiologische Ebene) und Träume (psychische Ebene) zwei verschiedene Ebenen darstellen, die sich nur zum Teil entsprechen und nicht zwangsläufig die gleichen Funktionen aufweisen.

Dennoch sind REM-Träume von besonderem Interesse: Die Befunde aus Schlaflaborstudien zeigen, dass das Klarträumen fast ausschließlich im REM-Schlaf stattfindet. Wie dies im Schlaflabor festgestellt werden kann, wird im nächsten Kapitel ausführlich beschrieben.

2.3 Traumforschung

Für die wissenschaftliche Auseinandersetzung mit Träumen ist eine klare Definition notwendig, da der Begriff „Traum" in der Alltagssprache unterschiedlichste Bedeutungen erhalten hat (zum Beispiel durch Sportkommentatoren: „Traumtor"; oder Fernsehköche: „Mmh, das schmeckt ja traumhaft"). Der Mannheimer Traumforscher Michael Schredl definiert einen Traum folgendermaßen:

Def. **Ein Traum ist die psychische Aktivität während des Schlafes, und der Traum beziehungsweise der Traumbericht ist die Erinnerung an diese psychische Aktivität.**

Der Begriff „psychische Aktivität" soll verdeutlichen, dass es sich beim Träumen um ein ganzheitliches Erleben handelt – mit Sinneseindrücken, Gefühlen und Gedanken. Jedoch: Träume sind von außen nicht messbar! Das bedeutet, dass es keinen Rekorder auf der Welt gibt, mit dem man Träume aufzeichnen, auf einer Kassette speichern und später wieder abspielen kann. So ein Gerät wäre für die Forschung natürlich sehr hilfreich, ist bislang allerdings nur in Science-Fiction-Filmen denkbar. Auch ist es einem Traumforscher nicht möglich, den Träumenden im Traum zu „besuchen" und das Traumgeschehen unmittelbar zu beobachten, so wie es beispielsweise aktuell der Film *Inception* zeigt.

Die einzigen technischen Hilfsmittel für den Forscher sind die zuvor genannten modernen Messmethoden, die alle physischen Aktivitäten (Gehirnwellen, Herzschlag etc.) während des Schlafs erfassen können. Aus diesen Daten lassen sich jedoch keine Träume rekonstruieren, sodass das psychische Erleben des Traums nur durch die Befragung zugänglich ist. Der Träumende muss jedoch zwei Hürden nehmen, bevor er seinen Traum beschreiben kann: Zum einen muss er aufwachen – zum anderen muss er sich an die Erlebnisse des Traums zurückerinnern. Durch beide Hürden kann der eigentliche Traum verzerrt werden.

2

Somit stellt sich immer die Frage, wie gut der Traumbericht tatsächlich das erlebte Geschehen abbildet. Eine Reduktion der nächtlichen Traumbilder durch den Bericht ist dabei unumgänglich.

In der Forschung werden verschiedene Methoden angewandt, um Traumberichte zu erfassen: Fragebogen, Interview, Tagebuch und Weckungen im Schlaflabor. Die letztgenannte Methode bietet den direktesten Zugang zum Traumerleben, da man die Person gezielt aus dem REM-Schlaf wecken kann.

Egal, welche Methode angewandt wird, die Erinnerung an Träume ist sehr variabel. Warum sich manche Menschen sehr gut, andere nur sehr schlecht an ihre Träume erinnern können oder warum die Traumerinnerung auch innerhalb einer Person teilweise stark schwankt, ist kaum geklärt. So spielen kurzfristig wirksame Faktoren wie Stress oder das tägliche Schlafverhalten eine Rolle – aber auch unveränderliche Faktoren wie Alter, Geschlecht und Persönlichkeit stehen im Fokus der Traumforscher.

In einer Vielzahl von Studien wurde eine Fülle von Einflussfaktoren untersucht und eine fast unüberschaubare Menge an teils widersprüchlichen Ergebnissen gefunden. Ernüchterung brachte eine Studie von Michael Schredl: 444 Studierende wurden zu ihrer Traumerinnerung befragt, zusätzlich erfasste er ein Dutzend weiterer Faktoren. Die wichtigsten Ergebnisse: Persönlichkeitseigenschaften wie Offenheit für Erfahrung, Kreativität, nächtliches Erwachen und Einstellung zu Träumen sind die besten Indikatoren für die Traumerinnerungsquote. Die Vorhersagekraft war jedoch sehr gering. In Zahlen ausgedrückt: Nur 9,5 Prozent der Traumerinnerung konnten durch die zuvor genannten Faktoren erklärt werden, über 90 Prozent der Unterschiede bleiben in der Studie unaufgeklärt. Also müssen weitere Faktoren eine wichtige Rolle spielen.

Zwei davon zeigen stabile Befunde: Frauen erinnern sich häufiger an Träume als Männer – und Menschen, die Traumtagebücher führen, ver-

Tabelle 2   Realitätscharakter von Tagebuchträumen (aus Schredl, 1999)

Kategorien	Häufigkeit
Im Wachleben möglich, normale Erfahrungswelt	29,3 %
Im Wachleben möglich, ungewöhnliche Elemente	39,5 %
Ein bis zwei bizarre (unmögliche) Elemente	27,4 %
Mehrere bizarre Elemente	4,1 %

bessern ihre Erinnerung an Träume. Besonders auf das Traumtagebuch wird später noch ausführlich eingegangen.

In der Traumforschung werden die gewonnenen Traumberichte durch genaue Inhaltsanalysen ausgewertet. Es zeigt sich: In über 90 Prozent der Träume ist das Traum-Ich aktiv an dem Geschehen beteiligt – ein klares Indiz dafür, dass wir nachts nicht einfach passiv einen spannenden Film im Kopfkino anschauen, sondern Hauptakteur des eigenen Films sind. Man sieht diesen Film nicht nur, man fühlt, hört, riecht und schmeckt ihn. Wie im Wachzustand dominieren visuelle Eindrücke, aber auch alle anderen Sinne sind im Traum aktiv.

Analysiert man Traumtagebücher und Laborträume, stellt sich heraus, dass Träume meist sehr realitätsnah sind. Dieses Ergebnis widerspricht der landläufigen Meinung, dass die meisten Träume bizarr sind, also Dinge enthalten, die in der physikalischen Realität unserer Welt nicht möglich sind. Eine einfache Erklärung hierfür: Meist werden nur spannende und ungewöhnliche Träume berichtet und dadurch besser behalten. In ▶ Tabelle 2 sind die Ergebnisse einer Analyse von Traumtagebüchern dargestellt. Nur knapp 30 Prozent der Träume enthalten demnach Elemente, die im Wachleben unmöglich sind. Die Mehrheit der Träume – so der Umkehrschluss und die Ergebnisse – ist realistisch und enthält nur ab und an einen Widerspruch.

Der Stoff, aus dem die Träume gemacht sind, findet sich in unserem Wachleben wieder. Heute nimmt man eine Kontinuität von Wach- auf Traumerleben an. Ein Hochleistungssportler wird demnach – im Gegensatz zu einem notorischen Büro- und Couchsitzer – auch in seinen Träumen das Thema Sport vorfinden. Es sei denn, der Couchliebhaber ist gleichzeitig ein Freund von Sportsendungen.

3 Der Klartraum

*O*bwohl es bereits aus der Antike Berichte über bewusste Träume gibt, kommt das Phänomen Klartraum in der westlichen Wissenschaft erst seit den 1980er-Jahren vor. Nicht zuletzt führte eine enge semantische Auffassung der Begriffe „Wachheit" und „Schlaf" dazu, dass Klarträume sehr lange nicht systematisch untersucht wurden. Tatsächlich handelt es sich bei Klarträumen um ein Paradox: Der Träumende erlebt sich im Traum als wach – weiß aber gleichzeitig, dass er gerade schläft. Dieser Widerspruch lässt sich jedoch leicht auflösen, denn die Wahrnehmung während des Traums beruht nicht auf externen Reizen, sondern auf der zentralnervösen Aktivierung des Gehirns. Für Menschen, die noch nie bewusst geträumt haben, bleibt der Klartraum dennoch etwas Seltsames. Deshalb werden in diesem Kapitel die Grundlagen zum Klarträumen erklärt. Dazu wird zunächst die Definition eines Klartraums analysiert. Zudem werden die Häufigkeit der Klarträume und die Einflussfaktoren, die dieses gar nicht so seltene Phänomen hervorrufen können, näher betrachtet. Ein weiteres Thema sind die Signale aus der Traumwelt. Durch sie können Klarträumer mit der realen Welt kommunizieren. Diese Signale der Träumenden an die Wachen sind der entscheidende Beweis für die Existenz von Klarträumen.

3.1 Definition des Klartraums

In der Fachliteratur werden verschiedene Definitionen für den Klartraum diskutiert. Die einfachste lautet:

> *Def.* **Ein Klartraum ist ein Traum, in dem der Träumende während des Traums weiß, dass er gerade träumt.**

Somit wäre das Minimalkriterium für einen Klartraum das Wissen über den eigenen Zustand. Das Sich-Bewusst-Sein, das Klar-Sein. Bevor diese Definition vertieft wird, lesen Sie bitte das folgende Traumbeispiel. Dieser Traumbericht stammt von dem schwäbischen Arzt Harald von Moers-Messmer, der bereits 1939 eine Abhandlung über „Träume mit der gleichzeitigen Erkenntnis des Traumzustands" veröffentlichte. Das Beispiel illustriert sehr anschaulich den Ablauf eines Klartraums. Nach der Definition beginnt jeder Klartraum mit der Erkenntnis des Träumenden, dass er gerade träumt. Diese Erkenntnis gelingt Moers-Messmer durch die Feststellung eines unmöglichen Ereignisses. Dieser Moment der Erleuchtung, der Moment des Erkennens seines eigenen Zustands ist entscheidend. Viele Klarträumer erleben diesen Moment als Zeitpunkt, an dem eine qualitative Veränderung des Geträumten stattfindet: Die erlebte Wahrnehmung, vor allem der visuelle Eindruck, erscheint schärfer, das Traumgeschehen kann wie im Wachzustand verfolgt werden, und man kann selbst entscheiden, was als Nächstes passiert.

3

Einfach gesagt: Der Traum erscheint – nachdem man erkannt hat, dass man träumt – als *klar* oder mit dem lateinischen Wort ausgedrückt: *luzide*.

Als Synonym für den Klartraum wird deshalb häufig der Begriff „luzider Traum" verwendet. Vor allem in der englischsprachigen Litera-

---

Traumbeispiel ...aus Moers-Messmer (1939)

Heidelberg, 28.6.1935. Auf einem unbekannten Sportplatz übe ich mich im Weitsprung, wobei ich einen Sprung von 9 Meter mache. Ob ich die Zahl abgelesen habe oder unmittelbar weiß, habe ich nicht mehr in Erinnerung. Mir fällt ein, daß der jetzige Weltrekord etwas unter 8 Meter liegt, und freue mich zunächst sehr. Da kommt mir der Gedanke, daß meine Bestleistung bei 4 Meter liegt und ich daher wohl träumen muß. Wie ich mir dies noch überlege, befinde ich mich plötzlich in einem Zimmer und sehe mich um. Dann gehe ich auf die Wand zu, um die Tapete zu betrachten. Sie ist ganz von fortlaufenden Mustern bedeckt, die folgende Form haben: leicht oval, das eine Ende etwas zugespitzt, geschlängelte goldene Verbindungslinien zwischen den Mustern. Die Muster selber bestehen aus roten und blauen Feldern und sind golden umrahmt. Die Grundfarbe zwischen den Figuren beachtete ich nicht genauer. Alles ist von einer erstaunlichen Schärfe, Klarheit und Helligkeit. Darauf kratze ich an der Tapete mit den Fingernägeln. Die Reibung fühle ich sehr deutlich, höre aber zunächst gar nichts, dann ein schwaches Geräusch. Sodann greife ich nach der Brille (R −7,5, L −6,5 D), die ich sofort fühle, und setze sie ab. Sogleich sehe ich alles verschwommen, nach wenigen Sekunden werden die Gesichtseindrücke aber wieder bedeutend schärfer, wenn sie auch nicht die frühere Schärfe erreichen. Dann befand ich mich plötzlich in einem anderen Raum. Ich meinte, eben erwacht zu sein, und beobachtete daher nicht weiter.

tur wird von „lucid dreaming" gesprochen. Diese Formel geht auf den niederländischen Psychiater Frederik Van Eeden zurück. Er erwähnte das Phänomen Klartraum bereits 1913 in seinem Artikel „A study of dreams". In dieser Abhandlung charakterisiert Van Eeden Klarträume als Träume, in denen „der Schlafende sich an sein Wachleben und seinen eigenen Zustand erinnert. Er erreicht ein Stadium von vollkommener Wahrnehmung, und es ist ihm möglich, seine Aufmerksamkeit zu lenken sowie willentlich Handlungen zu unternehmen."

Den Begriff „Klartraum" prägte der deutsche Psychologe Paul Tholey. Er verwendete ihn erstmals 1977, in expliziter Anlehnung an Van Eedens Ausdruck „lucid dreaming".

Wie bereits erwähnt, finden sich in der Literatur verschiedene Begriffsbestimmungen, die über die eingangs dargebotene Definition des Klartraums hinausgehen. Der Hauptgrund dafür: Der Gedanke *ich träume gerade* kann in einem Traum häufig auftreten, ohne dass es zwingend zu den oben erwähnten Veränderungen des Traumerlebens kommt. Paul Tholey nennt deshalb weitere Zusatzkriterien eines Klartraums:

- **Klarheit des Träumenden über seine Möglichkeit, im Traum zu handeln sowie den Geschehensablauf zumindest innerhalb gewisser Grenzen zu entscheiden;**
- **Klarheit der Erinnerung des Traum-Ichs über das Wachleben der träumenden Person;**
- **Klarheit der Erinnerung der Person an ihren Traum nach dem Aufwachen.**

Das letztgenannte Kriterium bezieht sich auf die Tatsache, dass nur erinnerte Träume nach dem Schlaf berichtet werden können. Da sich der Mensch generell nur an einen kleinen Teil aller nächtlichen Erlebnisse erinnern kann, scheint es plausibel – ohne es experimentell nachweisen zu können –, dass auch Klarträume einfach vergessen werden.

Betrachten wir als Nächstes das zweite Traumbeispiel. Dieser Traumbericht erfüllt sehr anschaulich Tholeys Zusatzkriterien: Der Träumer erkennt zunächst den Traumzustand („Ich muss träumen!"). Er entscheidet sich willentlich dafür, was er als Nächstes tun möchte („Ich beschließe, nach draußen zu gehen, und begebe mich auf den Flur"). Und er erkennt die veränderten Gesetzmäßigkeiten der erlebten Traumwelt („Ich könnte ja genauso gut nach unten schweben, anstatt zu laufen"). Weiterhin hat er eine deutliche Erinnerung an das Wachleben („Dann fällt mir ein, dass es im Traum ja gewisse Probleme mit Lichtschaltern

Traumbeispiel ... aus Erlacher (2007)

Ich stehe an meinem Fenster und schaue nach draußen auf die Straße. Dort laufen eine Menge Leute herum, und es schneit. Beides kommt mir sehr seltsam vor, bis es mir plötzlich in den Kopf schießt: „Ich muss träumen!" Ich beschließe, nach draußen zu gehen, und begebe mich auf den Flur. Dort sehe ich, dass es in der Küche stockdunkel ist. Ich werde neugierig und gehe in die Küche. Ich versuche, das Licht anzuschalten, was mir jedoch nicht gelingt. Dann fällt mir ein, dass es im Traum ja gewisse Probleme mit Lichtschaltern gibt. Daher drehe ich mich kurz um, drücke erneut den Lichtschalter und schaue wieder in die Küche: Jetzt ist das Licht an. Ich verlasse die Küche und will nach draußen. Allerdings kommt mir der Gedanke: „Ich könnte ja genauso gut nach unten schweben, anstatt zu laufen." Ich setzte mich im Schneidersitz vor die Treppe und versuche zu schweben. Dies gelingt mir auch – allerdings wird mir plötzlich wahnsinnig schwindelig, und alles fängt an zu verschwimmen.

gibt."). Schließlich kann er sich nach dem Erwachen an seinen Klartraum erinnern. Das Traumbeispiel erfüllt somit alle Kriterien.

Leider ist es nicht immer so einfach zu beurteilen, ob alle Voraussetzungen für ein eigenes Traumerleben erfüllt sind. Zurück bleibt Verwirrung und die Frage, ob man nun tatsächlich klargeträumt hat oder nicht. Wenn Sie sich diese Frage nach einem Traum stellen, dann versuchen Sie, sich selbst eine andere Frage zu beantworten: *Wusste ich während des Traums, dass ich träume?* Wenn Sie diese Frage mit einem klaren „Ja" beantworten können, haben Sie schon viel erreicht.

Der Klartraumforscher Robert Waggoner schreibt in seinem Buch „Lucid dreaming – gateway to the inner self" sehr richtig, dass auch die Kontrolle im Traum nicht allumfassend ist: „Wenn Sie den Traum kontrollieren, wer macht dann bitte das Gras grün und den Himmel blau? Wer kreiert die neue Traumszene, als Sie um die Ecke gingen oder durch eine Wand flogen? Haben Sie die neue Traumszene erschaffen?" Der Traum behält seine eigene Dynamik und Gesetzmäßigkeiten.

3.2 Häufigkeit von Klarträumen

Michael Schredl initiierte im Jahr 2010 eine für Deutschland repräsentative Umfrage, in der er folgende einfache Frage stellte: *Wie häufig erleben Sie Klarträume?* Die Befragten erhielten zusätzlich eine Definition des Klartraumbegriffs.

Def. **Beim Klarträumen ist man sich während des Traums bewusst, dass man träumt.** So kann es sein, dass man bewusst aufwachen oder die Handlungen beeinflussen kann oder das Geschehen mit diesem Bewusstsein passiv beobachtet.

51 Prozent der Befragten gaben an, Klarträume aus der eigenen Erfahrung zu kennen (▶ Tabelle 3). Eine weitere Studie mit Psychologiestudenten aus dem Rhein-Neckar-Raum brachte gar eine Quote von 82 Prozent zutage.

In anderen Ländern schwanken die Klartraumerfahrungen der Studenten zum Teil sehr stark: Bei denjenigen aus Japan liegt sie bei 47 Prozent, die US-Studenten kommen auf 71 Prozent, die niederländischen auf 73 – die chinesischen sogar auf 93 Prozent. Diese Unterschiede entstehen durch die uneinheitlichen Fragestellungen und Antwortmöglichkeiten in den Studien. Zudem wurde bei manchen Fragebögen versäumt, eine adäquate Definition des Phänomens Klartraum anzugeben. Es ist deshalb schwierig abzuschätzen, ob auch kulturelle Hintergründe einen Einfluss auf das Klartraumerleben haben. Die Zahlen lassen zumindest einen Schluss zu: Klarträume sind in all diesen Kulturen bekannt.

Die genannten Zahlen beziehen sich auf die Prävalenz, also auf die Frage, wie viele Personen schon mindestens einen Klartraum erlebt haben. Die Zahlen zur Prävalenz relativieren sich, wenn man die Frequenz berücksichtigt, also die Häufigkeit, mit der Klarträume erlebt werden. In ▶ Tabelle 3 sind diese Zahlen ebenfalls dargestellt. Die Klartraumforscherin Jayne Gackenbach schlägt vor, Menschen als *häufige Klarträumer* („frequent lucid dreamers") zu bezeichnen, wenn sie einen oder mehr Klarträume pro Monat erleben. *Seltene Klarträumer* („infrequent lucid dreamers") dagegen erleben nach Gackenbachs Definition weniger als einen Klartraum pro Monat. Nach dieser Einteilung sind 20 Prozent der Deutschen als häufige Klarträumer zu bezeichnen.

Rechnet man die Häufigkeiten um, so ergibt sich eine durchschnittliche Rate von 0,7 Klarträumen pro Monat. In Relation zu der Traumerinnerung, die durchschnittlich bei ungefähr einem Morgen pro Woche liegt, ist fast jeder zehnte Traum (8 Prozent) ein Klartraum.

Schaut man sich noch einmal die Umfragen für die Studenten aus den verschiedenen Ländern an, so sind auch dort *häufige Klarträumer* zu finden: 17 Prozent (Japan), 17 Prozent (China), 29 Prozent (USA), 36 Prozent (Deutschland) und 38 Prozent (Holland).

Tabelle 3 Antworthäufigkeiten auf die Frage „Wie häufig erleben Sie Klarträume?" in einer für Deutschland repräsentativen Befragung

Antwortkategorie	absolut	relativ
Nie	450	49,0 %
Weniger als einmal im Jahr	143	15,6 %
Etwa einmal im Jahr	55	6,0 %
Etwa zwei- bis viermal im Jahr	86	9,4 %
Etwa einmal im Monat	79	8,6 %
Zwei- bis dreimal im Monat	61	6,6 %
Etwa einmal die Woche	34	3,7 %
Mehrmals die Woche	11	1,2 %
Gesamt	919	100 %

Festzuhalten bleibt auch, dass nur 1 Prozent der Deutschen mehrmals pro Woche einen Klartraum erleben. Genau diese Klartraumexperten braucht man jedoch für Untersuchungen im Schlaflabor, da nur sie in der Lage sind, innerhalb weniger Nächte einen Klartraum zu haben

3.3 Einflussfaktoren

Die Frage, wodurch sich Klarträume hervorrufen lassen, ist eine der interessantesten in der Schlafforschung – und eine der am wenigsten erforschten. Immerhin: Der Zusammenhang zwischen der generellen Traumerinnerung und Klarträumen ist durch einige Studien bewiesen. Dieser Befund scheint plausibel, da die Wahrscheinlichkeit, einen Klartraum zu erleben, mit der Anzahl der erinnerten Träume ansteigt.

Zusätzlich zeigen Untersuchungen einen Zusammenhang zwischen Klarträumen und der Häufigkeit von Albträumen. Dieser Befund wird durch Aussagen zahlreicher Klarträumer gestützt. Ein großer Teil dieses Zusammenhangs erklärt sich jedoch durch die Traumerinnerung. Denn Menschen, die sich häufig an Träume erinnern können, erinnern auch mehr Albträume – und mehr Klarträume. Das Geschlecht scheint beim Klarträumen, im Gegensatz zur Traumerinnerung, keine Rolle zu spielen: Männer und Frauen erleben gleichermaßen häufig Klarträume.

Soweit zu den gesicherten Ergebnissen. In einer überschaubaren Anzahl von Studien wurden weitere Einflussfaktoren unter die Lupe genommen. Grob kann man diese in vier Bereichen einteilen:

/ situative Einflüsse (Schlafdauer, Meditation etc.);
/ vestibuläre Parameter (Gleichgewicht);
/ kognitive Faktoren (Wahrnehmungsfähigkeit, Vorstellung);
/ Persönlichkeitsfaktoren (Offenheit für Erfahrung).

Leider sind die Studienergebnisse weniger eindeutig. Das Ziehen praktischer Schlussfolgerungen ist kaum möglich. Zu den situativen Einflüssen lassen sich die Befunde für die generelle Traumerinnerung übertragen: So dürften eine lange Schlafdauer oder autogenes Training – beides Faktoren, die sich günstig auf die Traumerinnerung auswirken – ebenfalls positive Einflüsse auf die Klartraumhäufigkeit haben.

Auch zwischen Meditation und Klarträumen gibt es Parallelen. Man kann hierbei vermuten, dass ein positiver Zusammenhang zwischen der Meditationshäufigkeit und der Klartraumhäufigkeit besteht. Prinzipiell sind an dieser Stelle die Befunde aus den Studien zur Anwendung von Induktionstechniken zu nennen. Deren Ergebnisse werden ausführlich in Kapitel 4 besprochen.

Das uneinheitliche Bild der Studien zu den Einflussfaktoren auf bewusste Träume lässt sich folgendermaßen zusammenfassen: Die situativen Einflüsse spielen zwar eine wichtige Rolle, um die Klartraumhäufigkeit zu steigern. Wie im nächsten Kapitel jedoch gezeigt wird, gibt es bislang keine zuverlässigen Induktionsverfahren. Der Zusammenhang zwischen vestibulären Parametern und Klarträumen ist bisher kaum untersucht, die vorliegenden Ergebnisse sind diffus. Nur weil Schweben, Fliegen oder Drehungen durch die Koaktivierung des vestibulären Systems hervorgerufen werden (und gleichzeitig typische Klartrauminhalte darstellen), bleibt der Zusammenhang zwischen Klartraum und Funktion des Gleichgewichtsorgans auch in Zukunft erklärungswürdig.

Im Bereich der kognitiven Faktoren sind die Befunde zum Einfluss der Wahrnehmungsfähigkeit am Tage ebenfalls uneinheitlich. Hierzu wurde das Konstrukt „Feldabhängigkeit" untersucht. Bei der Orientierung im Raum wird davon ausgegangen, dass sich feldunabhängige Menschen auf den eigenen Körper als Referenz beziehen, feldabhängige Menschen sich dagegen an der Umgebung orientieren. Studien fanden heraus, dass Klarträumer stärker den eigenen Körper für die Orientierung nutzen, also feldunabhängiger sind als nicht-luzide Träumer. Die vermutete Erklärung: Klarträumer beziehen sich öfter auf körpereigene Hinweise, um den Traum zu entlarven. Jedoch konnte diese Behauptung in Nachfolgestudien nicht bestätigt werden. Auch die visuelle Vorstellung scheint keinen Einfluss auf Klarträume zu haben. Wer demnach Klarträume erlebt, verfügt nicht zwingend über eine lebhaftere Vorstellungskraft als Menschen, die keine luziden Träume erleben.

Schließlich spielen auch die globalen Persönlichkeitsfaktoren eine geringe Rolle, um Unterschiede in der Klartraumhäufigkeit zu erklären. Vor allem dieser letztgenannte Befund ist interessant, weil man leicht versucht ist, Klarträumer in die Schublade „sonderbare und introvertierte Persönlichkeiten" zu stecken. Diese Vermutung ist jedoch nicht haltbar. Ein Persönlichkeitsmerkmal hat sich bislang als Einflussfaktor hervorgetan: Klarträumer tendieren dazu, offener für neue Erfahrungen zu sein.

3.4 Klarträumer im Schlaflabor

Der Philosoph Norman Malcolm formulierte 1956 folgende Aussage: „Wenn eine Person tief schläft, dann kann sie keinerlei Empfindungen, Gedanken oder Gefühle haben. In diesem Sinne kann tiefer Schlaf keine Erfahrung beinhalten." Anhand dieser sprachanalytischen Abhandlung Malcolms haben einige Klartraumskeptiker behauptet, bewusstes Träumen könne es gar nicht geben. Unterstützt wurden sie in ihren Bedenken durch eine französische Studie aus dem Jahr 1973. Dort zeigten Menschen, die unter Schlaflaborbedingungen Klarträume berichteten, regelmäßig kurze Wachepisoden (Mikroerwachen) während des REM-Schlafs. Nach diesen Ergebnissen galten Klarträume lange Zeit als nichts anderes als kurze Wacherlebnisse, die sich mit den REM-Schlaferlebnissen vermischten.

Erst Ende der 1970er-Jahre gelang es Keith Hearne in England und Stephen LaBerge in den Vereinigten Staaten, unabhängig voneinander Schlaflaborstudien durchzuführen, die ein eindeutiges Ergebnis erbrachten: Klarträume treten ohne Wachepisoden im REM-Schlaf auf. Das große Problem solcher Untersuchungen liegt in der völligen Paralyse des Körpers – im REM-Schlaf ist die gesamte Muskulatur vollkommen erschlafft, dem Träumenden ist es deshalb unmöglich, sich mitzuteilen. Wenn er seine Hand im Traum hebt und winkt, dann bleibt die Hand des schlafenden Körpers unbewegt. Gleiches gilt für die Stimme. Der Träumer kann noch so laut schreien, im Schlaflabor wird man davon nichts hören.

Eine Ausnahme gibt es jedoch, und die liegt bereits im Namen des Schlafstadiums: Rapid Eye Movements. Im REM-Schlaf ist der gesamte Körper paralysiert – einzig die Augen lassen sich bewegen. In mehreren Studien wurde zudem nachgewiesen, dass ein Teil der Augenbe-

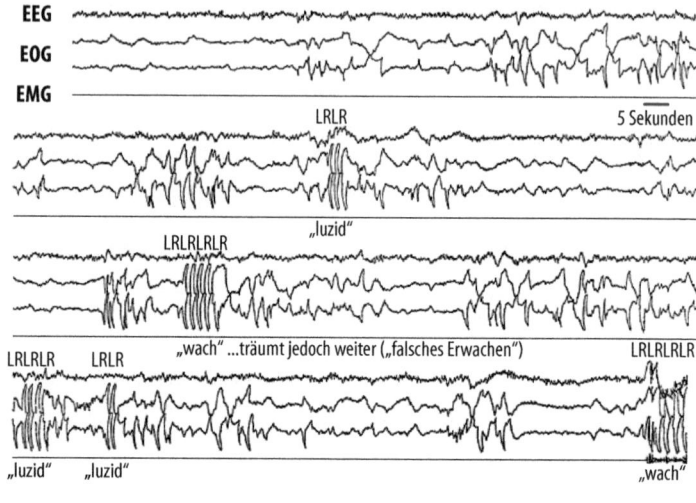

EEG
EOG
EMG

LRLR   5 Sekunden

LRLRLRL   „luzid"

LRLRLR   LRLR   „wach" …träumt jedoch weiter („falsches Erwachen")   LRLRLRLR

„luzid"   „luzid"   „wach"

Abbildung 3   Aufzeichnung eines Klartraums von Stephen LaBerge

wegungen während des REM-Schlafs mit den im Traum ausgeführten Augenbewegungen korrespondiert.

Die Versuchsteilnehmer aus den Studien von Hearne und LaBerge wurden deshalb angewiesen, im Klartraum Links-rechts-Augenbewegungen durchzuführen. Die visuelle Auswertung der REM-Phasen, in denen die Teilnehmer berichteten, einen Klartraum erlebt und die angewiesenen Augenbewegungen durchgeführt zu haben, zeigte deutlich die entsprechenden Ausschläge der Augen. Alle anderen Merkmale des REM-Schlafs wie die Körperlähmung blieben unverändert.

Die Aufzeichnungen standen darüber hinaus im Einklang mit den Traumberichten der Klarträumer und bestätigten damit die bewusste Kontrolle der Traumhandlungen.

In ▶ Abbildung 3 ist exemplarisch ein solcher Klartraum mit den typischen Augenbewegungen abgebildet. Die Aufzeichnung stammt von LaBerges Arbeiten und zeigt vier Kanäle der Standardableitung: das EEG, das EOG mit zwei Kanälen und das EMG. Zu sehen sind die letzten acht Minuten einer insgesamt 30 Minuten andauernden REM-Periode. Vor dem Schlafengehen wurde der Versuchsteilnehmer angewiesen, im Klartraum als Signal eine zweifache Links-rechts-Augenbewegung (LRLR) auszuführen, um so in der EOG-Aufzeichnung den

Zeitpunkt zu markieren, ab dem er sich seines Zustands bewusst wurde. Also dann, wenn er merkte, dass er gerade träumte. Nach dem Aufwachen sollte eine vierfache Links-rechts-Augenbewegung (LRLRLRLR) durchgeführt werden.

Für die in ▶Abbildung 3 dargestellte REM-Phase berichtete der Versuchsteilnehmer, insgesamt fünf Augenbewegungen durchgeführt zu haben. Das erste LR-Signal markierte den Beginn des Klartraums. Während der nächsten 90 Sekunden flog er. Der Flug endete damit, dass der Träumer dachte, aufgewacht zu sein. Doch die Schlafaufzeichnung sagte etwas anderes: Der Träumer schlief zu diesem Zeitpunkt und träumte nur, aufgewacht zu sein. Er erlebte ein „falsches Erwachen". Dies wurde durch eine LRLRLRLR-Augenbewegung signalisiert.

Nach 90 Sekunden erkannte der Versuchsteilnehmer, dass er noch träumte. Der Traum wurde wieder luzide – der Träumer signalisierte dies durch eine LRLRLR-Augenbewegung. Er bemerkte, dass er eine LR-Augenbewegung zu viel ausgeführt hatte und korrigierte dies, indem er eine weitere LRLR-Augenbewegung ausführte. Nach etwa 100 Sekunden erwachte der Klarträumer schließlich und signalisierte das Erwachen mit einer LRLRLRLR-Augenbewegung.

Inzwischen wurden viele dieser Studien weltweit durchgeführt – auch in unserem Labor in Heidelberg und im Mannheimer Schlaflabor unter Leitung Michael Schredls. Dort konnten wir sehr viele Klarträume messen und untersuchen. Da der Klarträumer im Schlaflabor Ereignisse im Traum markieren kann, ist es möglich, spannende Forschungsfragen zu untersuchen. So zum Beispiel im Film *Inception*.

In dem Blockbuster läuft die Traumzeit wesentlich langsamer ab als die reale Zeit – eine Idee von den Filmmachern, die wir in unseren Studien nicht belegen konnten. Dazu haben wir Klarträumern die einfache Aufgabe gestellt, im Klartraum bis 10, 20 und 30 zu zählen und jedes Intervall durch eine LRLR-Augenbewegung zu markieren. Die ▶Abbildung 4 zeigt die Aufzeichnung eines Klartraums. Deutlich sind die LRLR zu erkennen, so ist auch die Dauer der drei Intervalle genau bestimmbar. Die Ergebnisse unserer Experimente zeigen deutlich, dass die Intervalle im Klartraum entweder gleich lang oder sogar etwas länger dauern als im Wachen. Gleiches gilt für das Gehen von 10, 20 oder 30 Schritten.

Schlaflaborstudien sind sehr gut geeignet, um psychophysiologische Zusammenhänge zwischen geträumten Handlungen und Veränderungen im schlafenden Körper zu untersuchen. So ließen wir in einer Studie Klarträumer im Traum Kniebeugen ausführen und konnten einen

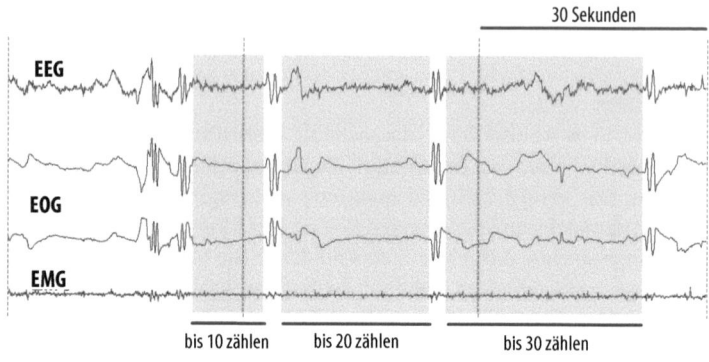

30 Sekunden

EEG

EOG

EMG

bis 10 zählen   bis 20 zählen   bis 30 zählen

Abbildung 4   Aufzeichnung eines Klartraums aus unserem Labor

leichten Anstieg der Herz- und Atemfrequenz messen. In einer anderen Studie wiesen wir Klarträumer an, die Hand zu öffnen und zu schließen und fanden entsprechende EEG-Aktivitäten im Motorikzentrum des Gehirns. Es ist sogar möglich, dem Träumer Informationen in den Traum zu senden.

Der Mediziner Johannes Strelen führte dazu folgende tollkühne Untersuchung durch: Der Träumer hörte die gesamte Nacht im Schlaflabor hohe und tiefe Töne („Bips" und „Bups"). Der Testschläfer sollte nun einschlafen und in seinem Traum hineinhorchen und den Bips und Bups lauschen. Für den experimentellen Beweis sollte er immer mit einer LR-Augenbewegung antworten, wenn er ein Bip hörte – die Bups sollte er jedoch ignorieren. Tatsächlich gelang es dem Klarträumer, diese Aufgabe zu lösen – eine einfache Form der Kommunikation mit dem Träumer ist demnach möglich.

4 Klarträumen – Wie geht das?

E ines vorweg: Es gibt kein Wundermittel und keine Zauberfor-
mel – Klarträume erlebt nur, wer trainiert. Es existieren viele
verschiedene Methoden, um zu lernen, wie man klarträumt. Doch
keine einzige garantiert den Erfolg. Das zuverlässige Induzieren von
Klarträumen ist ein ungelöstes Rätsel der Traumforschung. Die Lösung
versuchen wir momentan, in zahlreichen Schlaflabornächten zu finden.
Tatsächlich haben sich einige Techniken herauskristallisiert, die bei einer regelmäßigen Anwendung zur Häufung von bewussten Träumen
führen. Generell lassen sich die verschiedenen Methoden drei Bereichen zuordnen (▶Tabelle 4).

Die kognitiven Methoden umfassen Übungen, die ohne weitere
Hilfsmittel durchgeführt werden können. Um externe Reize einzusetzen, muss man in der Regel in ein Schlaflabor, da dazu teure Geräte notwendig sind. In den eigenen vier Wänden geht das nur eingeschränkt.
Auch ein „Traumpille" gibt es nicht. Ich kann hier nur warnen: Medika-
mente zu schlucken in der Hoffnung, dass sie einen Klartraum hervorrufen, ist gefährlich. Zudem sind bislang keine Substanzen bekannt, die
die Klartraumhäufigkeit dauerhaft beeinflussen.

Tabelle 4   Unterschiedliche Möglichkeiten zum Erlernen von Klarträumen

Methoden
Kognitive Methoden
Klarheit gewinnende Techniken
Mnemonische Induktion von Klarträumen, kritische Reflexionstechnik
Klarheit bewahrende Techniken
Vom Wachzustand aus induzierte Klarträume, Bild/Körper-Techniken
Einsatz von externen Reizen
akustische („Dies ist ein Traum"), optische (Lichtblitze) oder taktile (Vibration) Reize
Einnahme von Substanzen
z.B. Donepezil, Galantamin

4.1 Kognitive Methoden

Denksport – so könnte man die mentalen Übungen nennen, die zum Klarträumen führen sollen. Dieses kognitive Training kann in zwei Methoden unterteilt werden: in Klarheit gewinnende Techniken – und Klarheit bewahrende. Bei den Klarheit gewinnenden Techniken ist es das Ziel, sich während des Traumgeschehens bewusst zu werden. Zu wissen, dass man gerade träumt. Bei den Klarheit bewahrenden Techniken soll ein anderes Kunststück geschafft werden: Einzuschlafen und dabei geistig wach zu bleiben. Wer dies bewältigt, gelangt unmittelbar in einen Klartraum. Denn dieser Zustand lässt sich einfach beschreiben: Ein waches Hirn in einem schlafenden Körper.

Klarheit gewinnende Techniken

Die einfachste Methode innerhalb der Klarheit gewinnenden Techniken ist die Autosuggestion, bei der man sich vor dem Einschlafen suggeriert: „Heute Nacht werde ich einen Klartraum haben." Etwas komplizierter ist – wie der Name schon suggeriert – die sogenannte „Mnemonische Induktion von luziden Träumen" (MILT) von Stephen LaBerge. Unter dem Begriff Mnemotechnik beziehungsweise Mnemonik versteht man Gedächtniskünste, die bekannteste Unterart der Mnemonik ist die Eselsbrücke.

Ein wichtiger Aspekt dieser Induktionstechniken ist es, zunächst Traumhinweise zu bestimmen. Das kann alles sein, was irreal erscheint. Alles, das nicht den Gesetzen der Physik gehorcht. Denn es gibt nur einen Ort, wo diese nicht gelten: die Traumwelt. Traumhinweise sind also bizarre Elemente, Dinge, Situationen, die sich auf die erträumte Handlung (zum Beispiel: im Traum fliegen), Formen (zum Beispiel: ein sich auflösender Gegenstand) oder den Kontext (zum Beispiel: eine Winterlandschaft im Sommer) beziehen können. Auch die eigene Psyche kann im Traum verzerrt sein. Das Denken ist verändert, oder die Wahrnehmung (zum Beispiel: Eis fühlt sich heiß an) ist verzerrt. An solche Traumhinweise knüpft man die Erkenntnis, dass diese nur in einem Traum auftreten können. Ähnlich wie bei der Autosuggestion betet man sich vor dem Einschlafen vor: „Das nächste Mal, wenn ich träume, dann werde ich wissen, dass ich träume!".

Die Effektivität von MILT demonstrierte LaBerge an sich selbst – und seiner Klartraumbilanz. Die ▶ Abbildung 5 zeigt seine monatliche Anzahl von Klarträumen über drei Jahre. Im Abschnitt *I* arbeitete LaBerge mit der einfachen Autosuggestion. Die durchschnittliche Quote

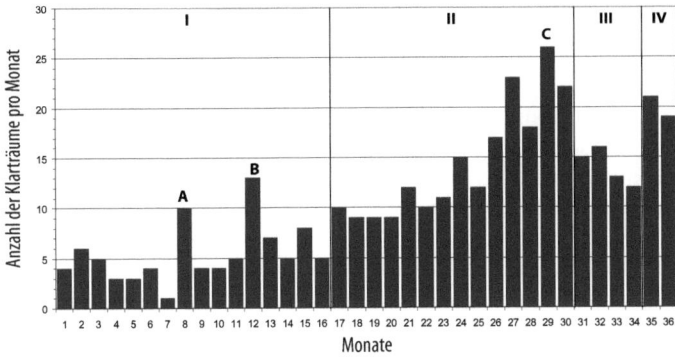

Abbildung 5   Klartraumhäufigkeit pro Monat über drei Jahre von LaBerge

lag hier bei ungefähr fünf Klarträumen pro Monat. Die Ausreißer in *A* und *B* sind durch seine größere Motivation zu erklären: Im Monat *A* schrieb LaBerge an seiner Dissertation, und im Monat *B* führte er erste Aufzeichnungen im Schlaflabor durch. Während des Zeitabschnitts *II* entwickelte und verfeinerte er die MILT-Technik. Im Monat *C* war es ihm möglich, „auf Wunsch" Klarträume zu erleben. Im Abschnitt *III* hörte LaBerge für einige Monate auf, die MILT-Technik anzuwenden. Im Abschnitt *IV* liegen noch einmal zwei Monate, während denen er im Schlaflabor Experimente durchführte.

Was auch hilft: Sich etwas vornehmen, einen Vorsatz fassen. Denn die Autosuggestion kann durch bestimmte Handlungsvorsätze erweitert werden, beispielsweise durch folgende Suggestion: „Das nächste Mal, wenn ich träume, werde ich wissen, dass ich träume. Und: Sobald ich weiß, dass ich träume, werde ich durch eine Wand gehen." Die Handlungsvorsätze können jedoch auch unabhängig von MILT praktiziert werden: So berichtet der Anthropologe und Schriftsteller Carlos Castaneda, der Vorsatz, sich im Traum auf die Hände schauen zu wollen, könne zum Erlangen des luziden Traumzustands ausreichen.

Wann sollte man die MILT-Technik anwenden? In den frühen Morgenstunden. In dieser Zeit ist die Technik am effektivsten, das haben Studien aus der Arbeitsgruppe von LaBerge gezeigt. Der Grund: Dann ist die Erinnerung an einen vor dem Erwachen erlebten Traum noch „frisch". Aufgrund des Prozedere (erst aufwecken, dann einschlafen) wird die Technik auch als „wake up, back to bed" bezeichnet. In einer eigenen Schlaflaborstudie konnten wir die positiven Befunde von La-Berge bestätigen. Von zwölf Teilnehmern hatten am Ende sieben einen Klartraum in den frühen Morgenstunden. Das ist die höchste Erfolgsquote, die wir je erzielt haben (▶ Tabelle 5). Die genauen Anweisungen unserer leicht modifizierten „Wake up, back to bed"-Technik wird im Anhang ausführlich beschrieben.

Der kritischen Reflexionstechnik von Paul Tholey liegt folgender Gedanke zugrunde: Wenn man sich mehrmals kritisch am Tag fragt, ob man wach ist oder träumt, dann überträgt sich diese „kritisch-reflektierende Grundeinstellung" auf den Traum. Auch in der anderen, der „Traumrealität" wird man sich, nach einiger Zeit die entscheidende Frage stellen: „Träume ich?" Dann wird man sich diese Frage mit „Ja" beantworten und zur Erkenntnis gelangen, dass man träumt.

Eng damit verknüpft sind die sogenannten Realitätstests. Die dienen – wie der Name schon sagt – dazu, zu testen, ob die Welt um einen herum real ist. Falls nicht, träumt man. Einige Tests für die Überprüfung der Wirklichkeit finden sich in Kapitel 5.

Klarheit bewahrende Techniken

Bei den bisher vorgestellten Techniken für die Induktion von Klarträumen ging es darum, zu erkennen, dass man träumt. Es ging um die Traumerkenntnis. Doch es gibt noch eine zweite kognitive Technik: Versucht man, während des Einschlafens das Bewusstsein wach zu halten – und so unmittelbar vom Wachzustand in den Klartraum gleitet –, spricht man von Klarheit bewahrenden Techniken.

LaBerge nennt diese „wake-initiated lucid dreams". Er empfiehlt dazu eine Methode, wie sie einfacher kaum sein könnte: Man soll während des Einschlafens lautlos vor sich hin zählen („Eins, ich träume. Zwei, ich träume usw.").

Auch Paul Tholey bietet einfach zu erlernende Techniken. Die Anleitung für die Bild- und Körper-Technik auf den Punkt gebracht: Man soll sich während des Einschlafens entweder auf visuelle oder körperliche Eindrücke konzentrieren. Richtet man seine Aufmerksamkeit beispielsweise auf die optischen Phänomene während des Einschlafens, so kann man Lichtblitze und geometrische Formen feststellen, die sich mit der Zeit zu deutlichen Bildern und kurzen Traumsequenzen verändern – den so genannten hypnagogen Träumen. In diesem Moment ist es die große Kunst, bewusst in das Traumgeschehen einzutauchen.

Ähnlich verhält es sich, wenn man während des Einschlafens auf den Körper achtet; dabei verschieben sich die eigenen Körpergrenzen – beispielsweise kommt es zu einem Schwebegefühl. Das Ziel ist, zu bemerken, wenn man einschläft, um dann bewusst direkt in einen Klartraum überzugehen. Genauere Instruktionen für diese Übung finden sich im Anhang.

Obwohl keine kontrollierten Studien über die Effektivität dieser Methoden vorliegen, scheinen Klarheit bewahrende Techniken nur für geübte und ausdauernde Menschen mit sehr lebhaften Einschlafbildern geeignet zu sein. Eine weitere Frage ist von wissenschaftlichem Interesse: In welchem Schlafstadium befinden sich die Personen, wenn sie einen Klartraum durch die Klarheit bewahrende Technik erleben?

Wie bereits erwähnt, finden Klarträume fast ausschließlich im REM-Stadium statt. Diese treten etwa alle 90 Minuten auf. Wenn man demnach abends einschläft, ist frühestens nach 90 Minuten Schlaf die erste REM-Phase zu erwarten. Klarheit bewahrende Techniken dürften also theoretisch nur nach einer gewissen Schlafphase in den frühen Morgenstunden funktionieren, doch wie die Praxis tatsächlich aussieht, weiß bisher niemand.

42 Einsatz von externen Reizen

Folgende Situation kennt jeder: Morgens weckt Sie Ihr Wecker, aber Sie wollen noch etwas weiterschlafen und drücken auf die Schlummertaste. Es passiert jedoch nichts, der Wecker läuft weiter. Sie ziehen den Stecker, aber das Wecksignal summt ohne Unterbrechung. Sie wundern sich – bis Sie dann tatsächlich aufwachen und feststellen, dass sich die Geräusche irgendwie in Ihren Traum geschlichen hatten.

Auf dieser Beobachtung basiert der Einsatz von externen Reizen. Das Prinzip: Die Schlafenden werden während der REM-Phase mit einem ganz bestimmten Stimulus konfrontiert. Frühere Schlaflaborstudien haben gezeigt, dass externe Reize, die einer schlafenden Person präsentiert werden, zum Teil tatsächlich in das Traumgeschehen eingebaut werden – wenn auch nicht immer als Eins-zu-eins-Kopie. Beispielsweise kann ein visueller Reiz in Form einer blinkenden Lampe im Traum eine blinkende Sonne am Horizont darstellen. Der Träumer muss also den realen Hinweis in seinem Traum noch richtig interpretieren.

Der Reiz kann taktil, akustisch, visuell, oder olfaktorisch sein. Im Idealfall wird im Schlaflabor die Weckschwelle ermittelt, um so die richtige Intensität für den Stimulus zu bestimmen: Ist er zu stark, weckt

Tabelle 5 Ergebnisse unserer eigenen Studien zur Induktion von Klarträumen durch taktile, visuelle und akustische Reize und die „Wake up, back to bed"-Methode

Experiment	Teil-nehmer	Traum-weckungen	Klar-träume	Erfolg in %*
Vibration Arm/Bein	14	30	2	28
Vibration Hand	10	21	0	0
Lichtbrille	10	19	1	10
Akustisch Name	10	36	2	20
Akustisch „Du träumst"	10	35	4	30
Akustisch + Hypnose	10	34	4	40
Wake up, back to bed	12	12	9	58

*Prozentzahl der Teilnehmer, die in einer Nacht einen oder mehrere Klarträume berichteten

man den Schläfer. Ist er zu schwach, wird er nicht in den Traum eingebaut. Dieser Vorgang ist sehr aufwendig.

Bisher wurden unterschiedliche Reize experimentell getestet: Keith Hearne nutzte taktile Reize, indem er den schlafenden Probanden mit seiner *DreamMachine* leichte Elektroschocks am Daumen verabreichte. Stephen LaBerge verwendete eine akustische Stimulation und spielte den Schlafenden immer wieder den Satz „Dies ist ein Traum" vor. Noch erfolgreicher war LaBerge mit seinem sogenannten *NOVA-Dreamer*. Der Clou: Das Gerät erzeugt Lichtblitze. Der NOVA-Dreamer wurde kommerziell angeboten (Lucidity Institute), er ähnelt einer Schlafmaske, die jedoch zusätzlich mit einem Sensor und zwei Leuchtdioden ausgestattet ist. Der Sensor in der Maske registriert die Bewegungen der Augen. Wird der Sensor aktiv, befindet sich die Person im REM-Schlaf, und die zwei Leuchtdioden in der Maske beginnen zu blinken. Der Träumende muss diese Lichtimpulse nur noch erkennen. Mehrere Untersuchungen haben bewiesen, dass der NOVA-Dreamer die Anzahl von Klarträumen steigern kann.

In unseren eigenen Untersuchungen waren wir mit der Induktion luzider Träume durch taktile, visuelle und akustische Reize weniger erfolgreich (▶Tabelle 5). Für die taktile Stimulation haben wir einen Miniaturmotor verwendet, wie er in Mobiltelefonen eingebaut ist. Wir haben den Motor entweder am Arm, am Bein oder an der Hand angebracht und während des REM-Schlafs kurz eingeschaltet. Die Erfolgsquote lag bei 28 Prozent: Zwei von 14 Teilnehmern wurden in der

Untersuchungsnacht mit mehreren Simulationen mindestens einmal klar. Für die visuelle Stimulation verwendeten wir die Lichtmaske von LaBerge, stimulierten aber ausschließlich im REM-Schlaf. Die Leuchtdioden wurden von der Nachtwache, die die Gehirnströme überwacht, eingeschaltet. Hier lag die Erfolgsquote bei gerade einmal 10 Prozent.

Schließlich testeten wir die akustische Stimulation. Für diese Studie verbrachten zehn klartraumunerfahrene Frauen drei Nächte in unserem Schlaflabor. In der ersten und zweiten Nacht spielten wir den Schläferinnen ihren eigenen Namen oder den Satz „*du träumst*" während der REM-Phasen vor. In der dritten Nacht führten wir eine Hypnosesitzung am Abend durch, in der wir den Satz „*du träumst*" mit der Intention, klar zu träumen, koppelten. In allen drei Nächten schafften es immerhin 20–40 Prozent der Teilnehmerinnen, klar zu werden.

Ein Tipp für zu Hause: Auch wenn Sie kein Schlaflabor besitzen, können Sie versuchen, externe Reize einzusetzen. Mit Ihrem Handy. Stellen Sie dazu Ihren Wecker vom Handy auf den Vibrationsalarm und wählen Sie eine Weckzeit, die ungefähr sechs Stunden nach Ihrer üblichen Einschlafzeit liegt. Legen Sie dann das Handy unter das Kopfkissen. Mit etwas Glück geht der Alarm in einer REM-Phase an – Sie müssen dann nur noch den Hinweis im Traum richtig deuten.

4.3   Die Traumpille – Einnahme von Substanzen

Die zuvor genannten kognitiven Methoden erfordern ein großes Maß an Geduld, bis sich der erste Klartraum ergibt. Klarträumen ist anders als Radfahren: Man muss immer weiter üben, um weitere Klarträume zu erleben. Zudem können externe Reize nur im Schlaflabor optimal gesetzt werden. Da klingt es natürlich verlockend, eine Pille einzunehmen, die bewusste Träume herbeiführt – wann immer man möchte. Die Idee ist nicht neu und sieht knapp skizziert folgendermaßen aus:

Die Regulation des Schlafs ist von verschiedenen Mechanismen geprägt. In einem aktuellen Modell werden für die Steuerung von Wachheit, REM- und NREM-Schlaf ein aminerges und ein cholinerges System angenommen. Beide werden über Neuronen im Stammhirn „an"- und „ausgeschaltet".

Der REM-Schlaf wird durch die Aktivierung des cholinergen Systems gesteuert – durch den Neurotransmitter Acetylcholin, der dabei in hohen Konzentrationen im Gehirn vorhanden ist. Umgekehrt dominiert in Wachheit das aminerge System. Die angenommene Wirkung der „Traummedikamente": Wenn der Acetylcholinspiegel im Schlaf durch

Substanzen erhöht wird, so die Annahme, sollte das Auswirkungen auf den REM-Schlaf und damit auch auf das Traumerleben haben.

Acetylcholinesterasehemmer sind Stoffe, die den normalen Abbau von Acetylcholin blockieren und somit für eine Anhäufung des Neurotransmitters sorgen. *Donepezil* enthält einen solchen Wirkstoff. Das Mittel wird für die Behandlung von Alzheimer-Demenz eingesetzt. In einer Untersuchung von Michael Schredl führte die Einnahme von Donepezil bei älteren Menschen tatsächlich zu einer Verlängerung und Intensivierung des REM-Schlafs. Zudem verkürzte sich die Zeit bis zur ersten REM-Periode. Zwar ging es in der Studie nicht um Träume, sondern um die Gedächtnisleistung, jedoch wurden standardmäßig am Morgen die Träume erfragt. Tatsächlich berichtete ein Testschläfer nach einer Donepezil-Nacht, dass er die ganze Nacht geträumt habe.

Begünstigt Acetylcholin das Klarträumen? In einer gut kontrollierten Studie LaBerges wurden zehn Teilnehmer in drei Nächten mit einem Placebo, mit 5 mg oder 10 mg Donepezil schlafen geschickt. Das klare Ergebnis: Neun der zehn Teilnehmer erlebten in den Nächten, in denen sie den Wirkstoff zu sich nahmen, einen Klartraum. Und: Je höher die Dosis, desto mehr Klarträume. Neben Donepezil, das auch in den USA rezeptpflichtig ist, gibt es weitere Acetylcholinesterasehemmer.

Zum Beispiel *Galantamin*. Dieses Mittel gilt in Nordamerika als Nahrungsergänzung. In Deutschland ist das Substrat aus Schneeglöckchen verschreibungspflichtig und wird bei Demenzerkrankungen eingesetzt. Auch bei diesem Wirkstoff konnte LaBerge den erhofften Effekt auf Klarträume entdecken, wobei die Studienergebnisse nicht veröffentlicht wurden. Die genauen Effekte sind deshalb leider nicht dokumentiert.

Ich selbst sammelte während meiner Zeit an der Stanford University in Palo Alto Erfahrungen mit Galantamin. In meiner ersten Nacht mit 2 mg Galantamin erlebte ich tatsächlich sehr lange und verschachtelte Träume, klar wurde ich jedoch nicht. Und schon in der zweiten Nacht war der „Traumbooster" wieder verschwunden. In weiteren Nächten probierte ich höhere Dosen und andere Uhrzeiten für die Einnahme aus. Insgesamt hatte ich in zehn Galantamin-Nächten nur zwei Klarträume – eine vergleichsweise normale Rate zu dieser Zeit. Ich gab auf und verfolgte das Thema Galantamin nicht weiter. Bis plötzlich das Buch „Advanced lucid dreaming. The power of supplements" von Thomas Yuschak im Internet heiß diskutiert wurde. Es entstand ein Hype um die „Wunderpille" Galantamin und andere Stoffe.

Dazu drei kritische Anmerkungen:

Erstens sind die meisten der empfohlenen Substanzen in Deutschland rezeptpflichtig. Die Tatsache, dass die Substanzen rezeptpflichtig sind, besagt auch, dass sie unter ärztlicher Aufsicht und nur bei den zugelassenen Krankheitsbildern eingenommen werden, weil neben der erwünschten Wirkung auch Nebenwirkungen zu erwarten sind. Diese sind beispielsweise bei Donepezil nicht zu unterschätzen (massive Übelkeit mit Erbrechen). Ich kann die Einnahme von Medikamenten auf keinen Fall empfehlen, zudem verstößt die Beschaffung gegen das Arzneimittelgesetz.

Zweitens gibt es zu ihrer Wirkung bislang nur eine einzige Untersuchung. In der Veröffentlichung der Studie – die im übrigen nicht in einer Fachzeitschrift publiziert wurde – fehlen jedoch wichtige Details, um die Ergebnisse eindeutig zu interpretieren. LaBerge berichtet von neun erfolgreichen Klarträumern für alle 20 Donepezil-Nächte (5 mg und 10 mg). Würde man nun annehmen, dass drei Personen in der 5-mg-Bedingung und sechs in der 10-mg-Bedingung einen Klartraum erlebten, läge die Erfolgsquote somit bei 30 beziehungsweise 60 Prozent – Zahlen, die man auch durch die Methode „wake up, back to bed" erhält. Unabhängige Untersuchungen wären an dieser Stelle wünschenswert.

Drittens liegen keine schlüssigen Annahmen über den Zusammenhang zwischen den Wirkstoffen und Klarträumen vor. Der Zugewinn an REM-Schlaf bedeutet zunächst nur eine längere Dauer des Traums. Dieser Zugewinn betrug in der Donepezil-Studie von Schredl 20 Prozent. Kann dieses Mehr an Traumzeit der Grund für die gestiegene Anzahl bewusster Träume sein? Oder steigert Acetylcholin die gesamte Hirnaktivität – auch des präfrontalen Kortex, sodass die Chance klar zu träumen zunimmt? Oder sind es andere Mechanismen, die zu mehr Bewusstheit im Traum führen? Wenn ja, ergäbe sich daraus die nächste Frage: Was bedeutet „ein Mehr an Bewusstsein"? Und wie sieht eigentlich dieser Effekt im Wachen aus? Viele Fragen ohne Antworten.

5 Im Traumsimulator

Was passiert, wenn Sie es geschafft haben? Wenn Sie zum ersten Mal bewusst einen Traum erlebt haben? Ganz einfach: Sie wollen mehr. Und zwar zu Recht. Aber was tun im nächsten Traum? Hier einige Vorschläge: Haben Sie schon einmal daran gedacht, Ihr Golf-Handicap zu verbessern? Üben Sie Ihren Abschlag, trainieren Sie das Putten oder spielen Sie ein paar Löcher mit Tiger Woods. Nutzen Sie den Traum als Trainingsfläche und steigern Sie so Ihr Können. Oder haben Sie Ihre Klarträume schon einmal dazu verwendet, kreative Ideen zu entfalten? Dann komponieren Sie ein Lied, designen Sie ein neues Computerspiel oder malen Sie ein Bild gemeinsam mit Salvador Dali. Lassen Sie sich von Ihren nächtlichen Erlebnissen inspirieren und bringen Sie die neuen Ideen mit ins reale Leben. Toben Sie sich aus! Fahren Sie Porsche, lassen Sie sich einen sechsten Finger wachsen oder haben Sie heißen Sex mit Brad Pitt oder vielleicht mit Angelina Jolie? Vergnügen Sie sich nachts – und Sie werden tagsüber gelassener sein. In jedem Fall gilt: Vom Träumen lässt sich auch im Wachen profitieren. Sicherlich haben Sie schon selbst eine Liste mit Dingen, die Sie schon immer mal machen wollten. Wie wäre es, wenn Sie all dies erleben könnten? Alle Ihre Wünsche werden wahr. In Ihrer eigenen Traumwelt. In diesem Kapitel geht es darum, Ihnen einige Vorschläge für Ihre ersten bewussten Traumreisen zu geben. Nach einiger Zeit werden Sie sich sicherlich selbst in Ihren Träumen zurecht finden.

5.1 Die Wirklichkeit testen

Jeder Klartraum beginnt mit einem Aha-Erlebnis, einem hellen Moment, der zur Klarheit führt: Der Träumende muss sich des Traums bewusst werden. Und deshalb steht eine Frage immer am Anfang: Ist das ein Traum? Um diese Frage zu beantworten, sollten Sie es sich zur Gewohnheit machen, die Wirklichkeit zu testen – denn einem Träumer erscheint die Wirklichkeit des Traums grundsätzlich real.

Doch wie findet man dann heraus, dass man gerade träumt? Das einfache „Zwicken in den Arm" wird dabei nicht helfen, denn Schmerzen gibt es auch in der Traumwirklichkeit; und sie fühlen sich real an. Anders wäre es, wenn sich der Träumende mit einem Sprung in die Lüfte aufmacht und ein paar Runden fliegt. Im Wachen wäre das nicht möglich, im Traum sehr wohl. Denn in den nicht-irdischen Sphären einer erträumten Welt sind sämtliche physikalischen Gesetze null und nichtig. Schwerkraft ade. Fliegen wäre somit eine gute Möglichkeit, die Wirklichkeit zu testen. Aus mehreren Gründen ist das Fliegen jedoch kein geeigneter Realitätstest: Erstens ist Fliegen eine komplexe Handlung, die auch im Traum Übung benötigt. Der erste Flugversuch kann also auch im Kopfkino fehlschlagen. Zweitens hält man sich in der Regel mit öffentlichen Flugversuchen zurück – sei es im Traum oder in Wirklichkeit. Drittens kann der optimistische Sprung ins Nichts in der echten, realen Welt sehr schmerzhaft enden.

Zum Glück gibt es sehr viele Wege, die Wirklichkeit des Traums zu überprüfen. Ein einfacher und zuverlässiger Check ist der sogenannte „Lesetest". Der geht so: Nehmen Sie sich ein Buch zur Hand und lesen Sie es sehr genau. Ein Satz reicht dabei aus. Schauen Sie für ein paar Sekunden weg. Jetzt richten Sie Ihren Blick wieder auf den einen Satz. Steht da noch das Gleiche? Ist es noch derselbe Satz? Schauen Sie noch einmal weg und dann wieder hin. Wenn Sie die gleichen Worte lesen können, sind Sie mit hoher Wahrscheinlichkeit wach. In der Traumwelt stünde etwas ganz anderes da. Das Gedruckte würde sich verändern oder ganz verschwinden.

Ein weiterer Realitätstest, der auch sehr einfach durchzuführen ist, sieht folgendermaßen aus: Halten Sie sich mit der Hand die Nase zu und versuchen Sie, durch die geschlossene Nase auszuatmen. Sie können es nicht – zumindest so lange Sie wach sind. Im Traum werden Sie atmen, als ob nichts wäre.

Es geht immer darum, den eigenen Zustand zu erkennen, zwischen Traum und Wirklichkeit zu unterscheiden. Wenn Sie denken, erkannt zu haben, dass Sie gerade träumen, dann vergewissern Sie sich. Gehen Sie die folgenden vier Aussagen durch:

- ╱ **Ich träume.**
- ╱ **Ich kann den Traum lenken, wie ich möchte.**
- ╱ **Ich befinde mich in meinem nächtlichen Traumsimulator.**
- ╱ **Ich weiß, dass mein Wach-Ich (Körper) im Bett liegt und schläft.**

Mit diesen vier Sätzen sollte jede bewusste Traumphase beginnen. Sprechen Sie sie aus und überprüfen Sie, ob die Aussagen richtig sind.

Die vier Punkte beziehen sich auf die in Kapitel 3 erwähnten Zusatzkriterien nach Paul Tholey. Der Grund für diese Vergewisserung des eigenen Zustands: Der Gedanke „ich träume gerade" tritt häufig in Träumen auf. Der Traum muss deshalb noch lang nicht zum Klartraum werden. Zur bewussten Steuerung des Traums kommt es nur selten. Schärfen Sie also Ihr Bewusstsein und machen Sie Ihren Klartraum durch diese vier Aussagen noch klarer.

52   To-Do-Liste für die Traumwelt

Wenn Sie wissen, dass Sie träumen, können Sie tun und lassen, was Sie wollen. Dann genießen Sie die totale Freiheit. Deshalb gilt: Vergeuden Sie keine Zeit. Sie sollten schon Pläne in der Tasche haben – oder einen Wunschzettel. Überlegen Sie sich also schon am Vorabend, was Sie in der Traumwelt erleben wollen. Ein weiterer Vorteil des vorausschauenden Planens: Jeder konkrete Handlungsvorsatz kann den Traum stabilisieren. Denn gerade Klartraumanfänger sind in der Regel nervös und

Tabelle 6   Tätigkeiten für den Klartraum

Kategorie	Tätigkeit
Handlungen, die im Wachleben unmöglich sind	Fliegen, zaubern, fallen, springen, selbstbewusst sein, durch Wände gehen, unter Wasser atmen, mit Tieren reden, jemand anderes sein, Zeitreise, Verwandlungen, sich selbst begegnen, unsterblich sein, körperlich stark sein, unsichtbar sein
Alltägliche Handlungen und Fertigkeiten ausprobieren	Sex, Sport, lernen, Arbeit, Flucht, Autofahren, Probleme lösen, essen, trinken, rauchen, um Hilfe bitten bzw. geben, schnelles Rennen, auf Hände schauen, klärende Gespräche, Sinneseindrücke, Sprachen, schreiben, weinen, schreien, Dinge ausprobieren, Singen, Lichtschalter betätigen, lesen, in den Spiegel schauen, Realitätschecks, reimen
Traumcharaktere ansprechen	Personen ansprechen, bestimmte Personen treffen, Personen etwas Bestimmtes fragen
Traumgeschehen verändern oder beobachten	Szene und Perspektive ändern, Land(schaft) ändern, Traum fortsetzen, Traumkulisse betrachten, Traum betrachten, früheren Traum vorsetzen
Aggressive Handlungen	Kampf, töten, Waffen, Autoaggression, Überfall, stehlen, Einbruch, Regeln brechen
Spirituelle Erfahrungen	Meditation, Klarheit erhöhen, Erkenntnisse gewinnen, Gott begegnen

wachen deshalb oft schon nach wenigen Sekunden bewussten Träumens wieder auf. Einen kühlen Kopf bewahren Sie am ehesten, wenn Sie ein klares Ziel vor Augen haben oder eine bestimmte Aufgabe im Traum erfüllen wollen.

Im Traum ist alles möglich. Jedoch sieht man bei solch unbegrenzten Möglichkeiten manchmal den Wald vor lauter Bäumen nicht. In ▶ Tabelle 6 haben wir einige Anregungen für Ihre Traumwelt zusammengetragen. Die Tipps stammen von Klarträumern, die wir in einer Studie befragt haben. Für eine bessere Übersicht haben wir die Resultate fünf Bereichen zu geordnet. Die Topnennungen sind: fliegen, Traumcharakter ansprechen und – natürlich – Sex.

In einer zweiten Befragung wollten wir es genauer wissen und fragten Klarträumer gezielt nach fünf möglichen Anwendungen: „Haben Sie Ihre Klarträume schon einmal genutzt,...

5

… um Albträume zu überwinden (z. B. Traummonster bekämpfen)?"
… um etwas zu üben (z. B. Sportart oder Musikinstrument)?"
… um kreative Ideen zu erhalten (z. B. malen, Musik komponieren)?"
… um die Lösung eines Problems zu finden (z. B. knifflige Aufgabe)?"
… um Spaß zu haben (z. B. fliegen, tanzen, lachen)?"

Für die jeweilige Frage sollte angegeben werden, ob man diese Anwendung bereits im Klartraum ausgeführt hat. Und wenn ja, in wie vielen Träumen. Die Ergebnisse sind in ▶ Tabelle 7 dargestellt.

Spaß haben steht bei den Klarträumern an erster Stelle. Platz zwei geht an die Bekämpfung von Albträumen. Etwa gleich häufig werden die Kategorien „Probleme lösen" und „Kreativ sein" genannt. Auf dem fünften und letzten Platz rangiert die Kategorie „um etwas zu üben". Der Klartraum wird demnach nur recht selten als Trainingsplatz ge-

Tabelle 7   Anzahl der Nennungen für die fünf Kategorien aufgeteilt nach Häufigkeit und Gesamtzahl

Kategorie	1 Nennung	2–10 Nennungen	11–100 Nennungen	mehr als 100 Nennungen	Gesamt
Sport treiben	19	25	20	0	64
Kreativ sein	24	38	19	2	83
Probleme lösen	25	50	10	5	90
Angst bewältigen	39	110	35	8	192
Spaß haben	44	106	80	15	245

Traumbeispiele   ... aus Erlacher (2010)

Sport treiben: „Ich träume von Bewegungen im Ballett, Beinführung, Sprünge, komplizierte Drehungen und Sprungkombinationen. Ich übe immer wieder dieselbe Drehung, ich habe dann fast das Gefühl, als würde ich meinen Körper dabei spüren. Auf eine gewisse Art und Weise ist das auch anstrengend."

Kreativ sein: „Eigentlich benutzte ich Klarträume immer, um neue Ideen und Inspiration zu finden, das gilt vor allem für das Malen. Ich überlege mir im Traum, welches Motiv gut ankommt, und ich versuche es dann, durch eine Art Versuch-und-Irrtum-Prinzip zu erschaffen. Das schönste Motiv setze ich dann im Wachzustand um."

Probleme lösen: „Ich bin Bauingenieur und habe ein sehr gutes Vorstellungsvermögen. Ein komplexes Bauteil habe ich mir im Traum erzeugt und konnte es so von außen und innen ansehen: Im Traum fand ich eine unübliche Lösung für die Bewehrung. Ich musste die „Traumlösung" dem Zeichner und dem Eisenleger auf der Baustelle persönlich erklären. Das Verlegen hat nur auf eine Art funktioniert, und es was faszinierend, das Ding aus meinem Traum in echt zu sehen.

Angst bewältigen: „Nachdem ich in einem Traum klar geworden bin, habe ich als kleines Kind mich oft im Albtraum selbst aufgeweckt. In letzter Zeit gehe ich auf den Albtraum ein, da ich weiß, dass es ein Traum ist. Das gibt mir Mut, und somit versuche ich, mich auf den Konflikt mit dem Thema des Albtraumes einzulassen. Das ist für mich auch eine recht nützliche Übung für das Wachleben."

Spaß haben: „Ab und zu Sex – aus unerfindlichem Grund häufig in Baumhütten. Aber hauptsächlich fliegen. Immer wieder fliegen. Aus dem Stand springen und über den Dächern schweben, in mehrere hundert Meter Höhe steigen und die Erde bewundern. Auf Straßen wie mit Siebenmeilenstiefeln entlang schweben."

nutzt. Das ist schade, denn er bietet sich an, um motorische Abfolgen wie einen Tennisaufschlag zu üben.

In meiner Promotion widmete ich mich der tollkühnen Frage, ob man im bewussten Traum Bewegungsabläufe trainieren kann. In einer Studie haben wir dazu Klarträumer gebeten, vor dem Schlafengehen Münzen aus zwei Schritten Entfernung in eine Tasse zu werfen. Im Traum sollten sie das Gleiche versuchen und die Übung nach dem Aufwachen wiederholen. Es stellte sich heraus: Wer nachts übt, trifft am Morgen 40 Prozent häufiger als am Abend vorher. Zudem sammelte ich Berichte von Sportlern, die im Klartraum Bewegungsabläufe trainieren. Den

Start beim Sprint. Die Technik beim Kugelstoßen. Paul Tholey hat sich im Traum angeblich sogar das Snowboardfahren beigebracht. Trainieren Sie also in Ihren Träumen!

Ich verwende die Ergebnisse der zweiten Befragung sehr gerne bei Interviewanfragen. Denn die Journalisten interessieren sich vor allem für den praktischen Nutzen von Klarträumen: „Wofür kann man das Klarträumen gewinnbringend einsetzen?" – lautet dann die Frage. Gerne berichte ich von den zahlreichen praktischen Anwendungen des Klarträumens für den Sport oder die Albtraumtherapie. Am Ende zähle ich dann immer etwas beschämt auf, dass man im Klartraum auch einfach nur Spaß haben kann. Den meisten Journalisten scheint dieser Punkt zu trivial. Das ist er aber nicht. Klarträumer sehen den Traumsimulator in erster Linie als Vergnügungspark.

Zuletzt möchte ich Ihnen noch folgenden Tipp mitgeben: Reden Sie. Quatschen Sie mit Menschen, die Ihnen im Traum begegnen. Paul Tholey sieht das Gespräch mit anderen Traumgestalten als innerseelischen Dialog. Die erträumten Plauderstunden sind für ihn die faszinierendsten aller Klartraumerlebnisse. Provokativ stellt er die Frage, ob Traumcharaktere ein eigenes Bewusstsein haben. Diese Frage scheint absurd. Aber entscheiden Sie selbst. Stellen Sie Ihre Traumfreunde auf die Probe.

5.3 Klarträume stabilisieren

Für die meisten Klarträumer enden die bewussten Traumreisen viel zu schnell. In der Literatur finden sich einige Techniken, mit denen Sie Ihre nächtlichen Abenteuer verlängern können.

Wie bereits erwähnt, kann ein Handlungsvorsatz die Traumwelt stabilisieren. Jedoch ist für Einsteiger eine zu lange To-do-Liste sehr wahrscheinlich kontraproduktiv. Mein Tipp: Probieren Sie aus. Testen Sie sich und Ihre Traumwelt. Für den Anfang würde ich Folgendes vorschlagen: fliegen, durch eine Wand gehen, Gegenstände berühren und Pirouetten drehen.

Fliegen. Fliegen ist die Lieblingsbeschäftigung der Klarträumer. Versuchen Sie es selbst einmal. Stoßen Sie sich im nächsten Klartraum vom Boden ab und schweben Sie. Unter Umständen muss man das Fliegen erst lernen. Jedoch sollte eines klar sein: Egal, wie häufig Sie auf den Boden fallen, es ist nur ein Traum. Seien Sie überzeugt, und es wird klappen. Wenn Sie erst einmal fliegen, erkunden Sie Ihre Traumwelt aus der Luft.

> ### *Traumbeispiel* ...aus Tholey & Utecht (1997)
>
> Mir fiel auf, daß ein unmittelbar vor mir stehendes Haus verkehrt herum zu stehen schien, worauf ich zur Überzeugung gelangte, daß ich wohl träumen müsse. Dann bemerkte ich aber, daß ich eine Brille aufhatte, und mir kam sofort der Gedanke, daß es eine Umkehrbrille sein könnte. Um diesen Gedanken zu überprüfen, nahm ich die Brille ab, woraufhin das Haus jetzt in aufrechter Stellung vor mir stand. Dies führte mich dann zu der fälschlichen Annahme, daß ich mich doch im Wachzustand befände.

5

Durch eine Wand gehen. Suchen Sie sich eine Wand, eine Scheibe oder eine Tür. Gehen Sie auf das Hindernis zu und laufen Sie einfach hindurch. Auch im Traum ist die Wand existent, und Sie werden sich an ihr die Nase stoßen, wenn Sie sich nicht bewusst machen, dass dieses Hindernis nur eine Illusion ist. Es ist ein wenig wie mit Neo. Er musste in dem Kultfilm *Die Matrix* auch erst von Morpheus lernen, dass die Matrix nur eine Illusion ist. Erst nachdem er dies erkannt hatte, konnten ihm die Agenten nichts mehr anhaben. Er kontrollierte das Geschehen. Schauen Sie den Film noch einmal an und lernen Sie für Ihre Klarträume.

Gegenstände berühren. Gehen Sie in Ihrem Traum zu einem Gegenstand und ertasten Sie dessen Oberfläche. Achten Sie dabei genau auf Ihren Tastsinn, wenn Sie den Gegenstand berühren. Fühlt sich die Oberfläche rau an? Oder ist sie spiegelglatt? Taktile Informationen scheinen das Traumbewusstsein zu schärfen und führen dadurch zu einem stabileren Traum. Diese Beobachtung ist bislang empirisch nicht belegt, aber viele Klarträumer berichten davon. Warum also nicht auch das nächste Mal probieren, wenn der Traum droht zu enden.

Pirouetten drehen. Stephen LaBerge widmete den Drehbewegungen in seinem Buch „Exploring the world of lucid dreaming" ein ganzes Unterkapitel. Durch Zufall entdeckte LaBerge, dass eine Körperdrehung im Traum zu einem Szenenwechsel führt: Als einer seiner Klarträume zu Ende ging, vollführte sein Traum-Ich eine Pirouette, plötzlich fand er sich in einem völlig neuen Szenario und der Traum ging weiter. Er verfeinerte die Technik, sodass er seine Träume signifikant verlängern konnte. Auch bei anderen Klarträumern führte die Technik zum gewünschten Effekt. Warum also nicht auch bei Ihnen?

Der Traum bewahrt seine eigene Dynamik, auch wenn Sie luzide sind: Lassen Sie sich nicht davon abbringen, ihn zu kontrollieren. Zwei

Situationen, in denen Sie kurz vor der Klarheit stehen oder die Klarheit wieder verlieren, sind *prä-luzide Träume* und *falsches Erwachen*.

Prä-luzide Träume. Der prä-luzide Traum stellt einen Traumtypus dar, der abweicht vom eigentlichen Klartraum. Es ist ein Stadium, in dem der Träumende zu träumen glaubt, darüber nachdenkt oder verschiedene Tests anstellt, um seine Vermutung zu bestätigen. Der prä-luzide Traum geht häufig einem Klartraum voraus, muss jedoch nicht in einen Klartraum übergehen. Häufig gelangt der Träumer in diesem Zustand zu dem Schluss, er sei wach. So führt, wie bereits erwähnt, der klassische „Kneiftest" in einem Traum durchaus zu einer entsprechenden Schmerzempfindung. Selbst geübte Klarträumer durchschauen manchmal nicht, dass Sie sich in einem Traum befinden. Im Traumbericht von Paul Tholey wird dargestellt, wie der Träumer trotz deutlicher Traumhinweise eine einsichtige Erklärung findet, warum er nicht träumt, sondern wach ist.

Falsches Erwachen. Das Phänomen des falschen Erwachens ist selbst erklärend. Es tritt immer dann auf, wenn ein Träumender glaubt, er sei wach. In Kapitel 3 wurde bereits ein Beispiel für ein falsches Erwachen vorgestellt. Dort berichtete der Klarträumer ein Aufwachen in seinem Traum und signalisierte dies durch eine Augenbewegung. Das falsche Erwachen kann sich demnach sehr real anfühlen. Es kann auch in normalen Träumen auftreten, scheint jedoch häufig von Klarträumern erlebt zu werden.

5

A Traumerinnerung steigern

Kurz und knapp

- Legen Sie ein Traumtagebuch an und notieren Sie darin jeden Morgen oder auch nachts Ihre Träume.
- Stellen Sie sich nach dem Aufwachen gezielte Fragen, um Trauminhalte aufzuspüren.
- Versuchen Sie, durch Extraschlaf, Erinnerungshilfen und gezielte Weckungen Ihre Traumerinnerung zu steigern.
- Arbeiten Sie mit Ihren Träumen, benennen Sie Traumhinweise und lernen Sie Ihre nächtliche Traumwelt besser kennen.

Zu den Voraussetzungen des Klarträumens gehört es, sich an seine Träume erinnern zu können. Mit den Tipps, die im Folgenden gegeben werden, können Sie Ihre Traumerinnerung deutlich steigern. Legen Sie sich dazu ein Heft, einen Stift, eine Lampe und eine Uhr mit Weckfunktion griffbereit neben Ihr Bett.

Anlegen eines Traumtagebuches

Sie sollten es sich zur Gewohnheit machen, Ihre Träume zu notieren. Schreiben Sie dafür alle nächtlichen Abenteuer in ein Heft. Dies ist keine Schikane, sondern ein notwendiges Erinnerungstraining. Traumberichte sind aus drei Gründen wichtig:

1. Sie führen zu einer gesteigerten Traumerinnerung.
2. Sie helfen Ihnen, mehr über Ihre Träume und Traumhinweise zu erfahren.
3. Sie sind eine Hilfe für die nachfolgenden Induktionstechniken.

Zunächst sollten Sie Ihre Traumerinnerung einschätzen. Wie in Kapitel 2 berichtet, ist die Erinnerung an Träume sehr variabel. Manche Menschen erinnern sich sehr gut, andere nur sehr schlecht an ihre Träume. Wie sieht es bei Ihnen aus: Wie oft erinnern Sie sich in letzter Zeit an Ihre Träume?

- ☐ fast jeden Morgen
- ☐ mehrmals die Woche
- ☐ etwa einmal die Woche
- ☐ zwei- bis dreimal im Monat
- ☐ etwa einmal im Monat
- ☐ weniger als einmal im Monat
- ☐ gar nicht

Wenn Sie Ihr Kreuz bei „fast jeden Morgen" setzen würden, dann ist Ihre Traumerinnerung sehr gut. In diesem Fall kann es anstrengend werden, wenn Sie jeden Morgen Ihre Traumberichte notieren. Wenn man sich an alle Träume einer Nacht erinnern würde, könnte man nach jeder Nacht ein kleines Buch füllen. Dies ist nicht notwendig. Es reicht aus, wenn Sie sich 15 Minuten Zeit nehmen und die wichtigsten Inhalte notieren.

Wenn Sie Ihr Kreuz bei „etwa einmal die Woche" oder „mehrmals die Woche" setzen würden, dann erinnern Sie sich ebenfalls gut an Ihre Träume. Notieren Sie dennoch gewissenhaft jeden Traum. Dies wird Ihnen helfen, sich auf eine tägliche Traumerinnerung zu steigern.

Wenn Sie Ihr Kreuz bei „zwei- bis dreimal im Monat" oder „etwa einmal im Monat" setzen würden, dann sollten Sie an Ihrer Traumerinnerung arbeiten. Gleiches gilt, wenn Sie sich überhaupt nicht an Träume erinnern können. Machen Sie das Schreiben im Traumtagebuch zum morgendlichen Ritual, denn es hat einen Trainingseffekt auf das Traumerinnerungsvermögen.

Wenn Sie während der Nacht aufwachen und sich an einen Traum erinnern, notieren Sie die Uhrzeit und machen Sie sich einige wesentliche Notizen des Traums. Es ist dabei nicht nötig, den Schlaf unnötig zu unterbrechen, indem man den gesamten Traum aufschreibt; wesentlich sind nur Notizen von Schlüsselszenen, von Gefühlen und wörtlicher Rede in dem Traum. Egal, wie gering Ihre Erinnerung ausfällt – machen Sie diese Notizen in Ihrem Heft.

Am Morgen, direkt nach dem Aufwachen, können Sie Ihre Notizen nutzen, um die vollständigen Traumberichte zu schreiben. Wenn Ihre Traumerinnerung noch schwach ist, schreiben Sie alles auf, was Ihnen aus der Nacht einfällt. Ist Ihre Traumerinnerung gut, sollten Sie nur den wichtigsten Traum der Nacht aufschreiben. Falls Sie schon Klarträume erleben, dann notieren Sie nur Ihre bewussten Träume als vollständigen Bericht.

Trauminhalte aufspüren

In dem Moment, in dem Sie aufwachen, sollte die erste Frage in Ihrem Kopf sein: „Was habe ich geträumt?" Bewegen Sie sich nicht und denken Sie über nichts anderes nach. Konzentrieren Sie sich für einige Minuten auf den Traum und versuchen Sie, den gesamten Ablauf des Traumgeschehens zu rekapitulieren. Nachdem Sie sich einige Minuten mit Ihrem Traum auseinandergesetzt haben, schalten Sie das Licht an und notieren Sie die Erinnerungen – wie oben beschrieben – in Ihrem Traumtagebuch.

Wenn keine Traumerinnerungen aufkommen, stellen Sie sich die Fragen „Was habe ich gerade gedacht?" und „Was fühlte ich?" Benutzen Sie jeden Erinnerungsfetzen. Rekonstruieren Sie Ihre Träume.

Sollten Sie damit keinen Erfolg haben, dann fragen Sie sich, wovon Sie eventuell geträumt haben könnten. Das können wichtige Ereignisse des Vortages sein. Oder drängende persönliche Probleme. Oder der Horrorfilm, der am Abend im Fernsehen lief. Überprüfen Sie, ob diese Gedanken irgendwelche Traumerinnerungen zurückbringen. Nehmen Sie sich in jedem Fall mindestens zwei bis drei Minuten Zeit, um sich den Trauminhalten anzunähern.

Kein Traum, kein Tagebucheintrag? Falsch. Auch wenn Sie sich an keinen Traum erinnern, notieren Sie dennoch in Ihrem Traumtagebuch die Uhrzeit und dass Sie keine Traumerinnerung hatten. Sagen Sie sich selbst: „Das nächsten Mal werde ich mich an meinen Traum erinnern."

Erinnerungshilfen für Träume

Wenn Sie sich eher selten an Ihre Träume erinnern, können Ihnen folgende Tipps vielleicht helfen:

Extra-Schlaf. Versuchen Sie, morgens eine oder zwei Stunden länger zu schlafen. Das wird vor allem am Wochenende möglich sein. Der Grund ist einfach: REM-Schlaf tritt vermehrt im letzten Drittel einer Nacht auf. Wenn Sie also etwas länger schlafen, können Sie mit einigen schönen langen REM-Phasen rechnen, die in den frühen Morgenstunden bis zu 60 Minuten andauern können.

Erinnerungshilfen. Nehmen Sie sich vor dem Schlafengehen fest vor, dass Sie sich an Ihre Träume erinnern möchten. Damit können Sie die schlechte Gewohnheit beseitigen, den Schlaf und die Träume zu vernachlässigen. Sprechen Sie also mit sich selbst, bevor Sie zu Bett gehen – und dann noch einmal, wenn Sie das Licht löschen. Suggerieren Sie sich: „Heute Nacht werde ich mich an meine Träume erinnern!"

Legen Sie ein Blatt mit der Frage: „Was hast du geträumt?" auf den Nachttisch. Legen Sie es so hin, dass Sie es ohne große Anstrengung vom Bett aus lesen können. Es wird Sie daran erinnern, sich an Ihre Träume zu erinnern.

Gezielte Weckungen. Sie können sich an keine Träume erinnern? Ein Grund dafür könnte sein, dass Sie aus keiner REM-Schlafphase erwachen. Versuchen Sie, dies zu ändern. Versuchen Sie, aus einer REM-Phase aufzuwachen.

Die Kurzanleitung dazu: Die Weckzeit sollten Sie möglichst in 90-Minuten-Intervallen wählen, da dies dem natürlichen REM-Schlafzyklus entspricht. Stellen Sie Ihren Wecker also auf viereinhalb, sechs oder siebeneinhalb Stunden, nachdem Sie sich schlafen gelegt haben. Addieren Sie zu dieser Zeit Ihre ungefähre Einschlafzeit. Wenn Sie also normalerweise 20 Minuten brauchen, um einzuschlafen, und sich um 23.40 Uhr ins Bett legen, dann wären ideale Weckzeiten um 4:30 Uhr, 6:00 Uhr und 7:30 Uhr.

Traumhinweise benennen

Für diese Aufgabe bitte ich Sie, Ihre Traumberichte der vergangenen Tage aufzuschlagen. Bitte durchsuchen Sie sie nach Traumhinweisen. Sehr vieles kann auf Träume hinweisen: jede kleine Unstimmigkeit – was Ihre Psyche angeht, Handlungen, äußere Formen und/oder den Handlungskontext. Die vier Kategorien werden im Folgenden ausführlich beschrieben und mit Beispielen verdeutlicht. Unterstreichen Sie in Ihren Traumberichten jeden dieser Hinweise mit einem roten Stift. Das Ziel ist es, dass Sie mit der Zeit Ihre persönlichen Traumhinweise kennen lernen. Beispielsweise könnte es sein, dass in Ihren Träumen immer wieder Hunde auftauchen, dass Sie häufig von einer verstorbenen Person träumen oder Sie sich selbst oftmals in der Vergangenheit erleben. Traumhinweise sind nützlich, um den Traum zu erkennen.

Psyche. Die erste Kategorie bezieht sich auf die Psyche. In diese Kategorie fallen alle Veränderungen, die sich auf psychische Vorgänge beziehen. Das können untypische Gedanken, starke Emotionen, ungewöhnliche Empfindungen oder eine veränderte Wahrnehmung sein. Im Traum sind Gedanken oftmals eigentümlich und ungewöhnlich – oder ein Gedanke verändert auf „magische" Weise die Traumwelt. Emotionen können sich schlicht für die erlebte Situation unpassend oder seltsam überwältigend anfühlen. Weitere Hinweise: Sie fühlen sich wie gelähmt, Sie haben ungewöhnliche Gefühle oder empfinden eine untypische sexuelle Erregtheit. Ihre Wahrnehmung ist unglaublich klar oder verschwommen. Oder Sie nehmen etwas wahr, das Sie im Wachen nicht wahrnehmen können.

- ╱ Ich denke an Erdbeeren und bin plötzlich auf einem Erdbeerfeld.
- ╱ Ich habe das Gefühl, als hätte ich den Jungen sehr gern.
- ╱ Ich fühlte extreme Angst.
- ╱ Irgendwie konnte ich sehr gut ohne Brille sehen.

Handlungen. Das Traum-Ich, Traumcharaktere oder ein Traumobjekt, beispielsweise ein Auto oder ein Hund, handeln ungewöhnlich. Es kann auch zu Handlungen kommen, die in der Wirklichkeit nicht möglich sind. Beispiele für die Kategorie Handlungen sind:

- ╱ Ich konnte atmen, obwohl ich unter Wasser war.
- ╱ Ich lief im Handstand in das andere Gebäude.
- ╱ Am Beckenrand fügt mir einer der Jungs Schmerzen zu.
- ╱ Der Schäferhund sagte mir, was ich tun sollte.

Formen. Der Körper des Traum-Ichs, die Gestalt von Traumcharakteren oder die Form eines Gegenstands ist seltsam entstellt, verformt oder verwandelt. Beispiele für diese Kategorie sind:

- ╱ Ich bin ein Mann (Traum einer Frau).
- ╱ Ihr Gesicht veränderte sich, als ich sie anschaute.
- ╱ Entgegen der Wirklichkeit hatte meine Freundin kurze Haare.
- ╱ Meine Hände sind riesig.

Kontext. Der Ort oder die Situation, in der Sie sich im Traum befinden, ist ungewöhnlich. Sie sind an einem vollkommen anderen Ort als im Wachleben. Oder Sie sind in eine seltsame soziale Situation verwickelt. Ebenso können Sie oder ein Traumcharakter eine andere Rolle als im Wachen übernehmen. Gegenstände oder Traumcharaktere sind vielleicht nicht an ihrem üblichen Platz, oder der Traum könnte in einer anderen Zeit – Vergangenheit oder Zukunft – stattfinden. Beispiele für die Kategorie Kontext sind:

- ╱ Ich war James Bond und musste eine Mission in Kairo erfüllen.
- ╱ Ich fahre Ski, obwohl es Sommer ist.
- ╱ Mein Bruder, der eigentlich tot ist, war im Zimmer.
- ╱ Ich bin wieder in der Grundschule.

$\mathcal{B}$ Wake up, back to bed

Kurz und knapp

- Schlafen Sie für sechs Stunden.
- Erinnern Sie sich an einen Traum nach dem Erwachen.
- Arbeiten Sie für eine Stunde mit Ihrem Traum: 15 Minuten Traum notieren, 15 Minuten Traumhinweise extrahieren, 15 Minuten Eselsbrücken bauen, 15 Minuten wiederholen.
- Legen Sie sich für drei weitere Stunden wieder ins Bett und versuchen Sie zu schlafen.

„Wake up, back to bed" ist eigentlich keine Klartraumübung, sondern eine Prozedur, die optimale Bedingungen für einen REM-reichen Morgenschlaf garantiert. Die Idee hinter dem Ablauf ist sehr einfach: Der Wecker weckt Sie nach sechs Stunden Schlaf, Sie bleiben für eine Stunde wach und legen sich dann wieder ins Bett. Der folgende Morgenschlaf bietet Ihnen reichlich REM-Schlaf und intensive Träume.

Stephen LaBerge hat in einer Reihe von Studien gezeigt, dass der morgendliche Schlaf besonders geeignet zum Klarträumen ist, vor allem wenn Sie mit der „mnemonische Induktion von luziden Träumen" (MILT) arbeiten. Die Technik verknüpft Traumhinweise mit der Erkenntnis, dass diese nur in einem Traum auftreten können. Die Eselsbrücke ist jedoch eine rein mentale Hilfe: Das geknotete Taschentuch können Sie leider nicht mit in den Traum nehmen.

Für „wake up, back to bed" benötigen Sie einen Morgen, an dem Sie länger schlafen können. Konzentration scheint der Schlüssel, um das Tor der bewussten Traumwelt zu öffnen. Konzentration erfordert Disziplin, die manchmal in Verbissenheit umschlägt. Verbissenheit wird Sie allerdings ebenso vom Erfolg abhalten wie zu wenig Durchhaltevermögen. Finden Sie also ein gesundes Maß an Ehrgeiz.

Wake up, back to bed – Schritt für Schritt

Schritt 1: Sechs Stunden Schlaf. Bevor Sie einschlafen, stellen Sie Ihren Wecker. Wählen Sie die als Weckzeit sechs Stunden nach Ihrer üblichen Einschlafzeit: Wenn Sie also normalerweise 20 Minuten brauchen, um einzuschlafen und sich um 23.40 Uhr ins Bett legen, dann wäre Ihre Weckzeit um 6:00 Uhr. Nehmen Sie sich vor, einen Traum zu erinnern.

Schritt 2: „Wake up" – bleiben Sie eine Stunde wach. Wenn Sie geweckt werden, versuchen Sie, einen Traum zu erinnern. Verwenden Sie die Tipps aus Anhang A, um an die Trauminhalte zu gelangen. Wenn Sie keinen Traum in Ihrem Gedächtnis finden, dann verschieben Sie Ihren Versuch auf eine andere Nacht. Wenn Sie einen Traum erinnern, machen Sie für die nächste Stunde Folgendes:

- 15 Minuten Traum notieren,
- 15 Minuten Traumhinweise extrahieren,
- 15 Minuten Eselsbrücken bauen,
- 15 Minuten wiederholen.

Die ersten 15 Minuten notieren Sie einen ausführlichen Traumbericht. Unter Umständen müssen Sie zunächst Ihre Wachheit steigern: Stehen Sie auf, gehen Sie ins Badezimmer, spritzen Sie sich etwas kaltes Wasser ins Gesicht. Kehren Sie zu Ihrem Traumtagebuch zurück und schreiben Sie Ihren Traum auf.

Extrahieren Sie in den nächsten 15 Minuten Traumhinweise so, wie es in Anhang A beschrieben wurde. Sehr vieles kann auf Träume hinweisen: jede Unstimmigkeit – was Ihre Psyche angeht, Handlungen, äußere Formen und/oder den Handlungskontext. Gehen Sie jede Kategorie durch und machen Sie sich Notizen. Eine fliegende Kuh wäre beispielsweise ein klarer Hinweis für Sie. Finden Sie so viele Hinweise wie möglich.

Verknüpfen Sie in den nächsten 15 Minuten Ihre Traumhinweise mit der Intention, bewusst zu träumen: „Das nächste Mal, wenn ich diesen Traumhinweis sehe, werde ich wissen, dass ich träume!" Sehen Sie sich selbst, wie Sie erkennen, dass Sie träumen. Stellen Sie sich vor, wie Sie durch einen Realitätstest die Wirklichkeit überprüfen.

Handlungsvorsätze stabilisieren Klarträume. Koppeln Sie deshalb an diesen Gedanken eine einfache Aufgabe, die Sie im Traum tun möchten. Gehen Sie beispielsweise zu einer Wand und berühren Sie die Oberfläche.

Der gesamte geistige Dialog könnte dann so sein: „Das nächste Mal, wenn ich fliegende Kühe sehe, werde ich mich daran erinnern, dass ich träume! Durch einen Lesetest werde ich meinen Traumzustand überprüfen. Dann werde ich zu einer Wand gehen und die Oberfläche berühren." Bauen Sie so mit jedem Traumhinweis eine Eselsbrücke nach der anderen. Gehen Sie also zum nächsten Traumhinweis und wiederholen Sie Ihre Intention, bis Sie alle Traumhinweise durchgegangen sind.

Wiederholen Sie für die letzten 15 Minuten alle Traumhinweise.

Schritt 3: „Back to bed" – schlafen Sie weiter. Legen Sie sich wieder ins Bett. Schalten Sie das Licht aus und entspannen Sie sich. Atmen Sie ruhig und regelmäßig und versuchen Sie, Ihren Körper zu entspannen. Jetzt noch nicht einschlafen! Wiederholen Sie noch einmal die deutlichsten Traumhinweise. Lösen Sie nach einigen Minuten Ihre Konzentration und lassen Sie sich in den Schlaf treiben. Wenn ein störender Gedanke auftaucht, dann stoßen Sie ihn sanft aus Ihrem Gedächtnis und lassen Sie die Spannung weiter abfallen. Seien Sie sich sicher, dass der letzte Gedanke, bevor Sie einschlafen, Ihre Überzeugung ist: „In meinem nächsten Traum werde ich erkennen, dass ich träume!"

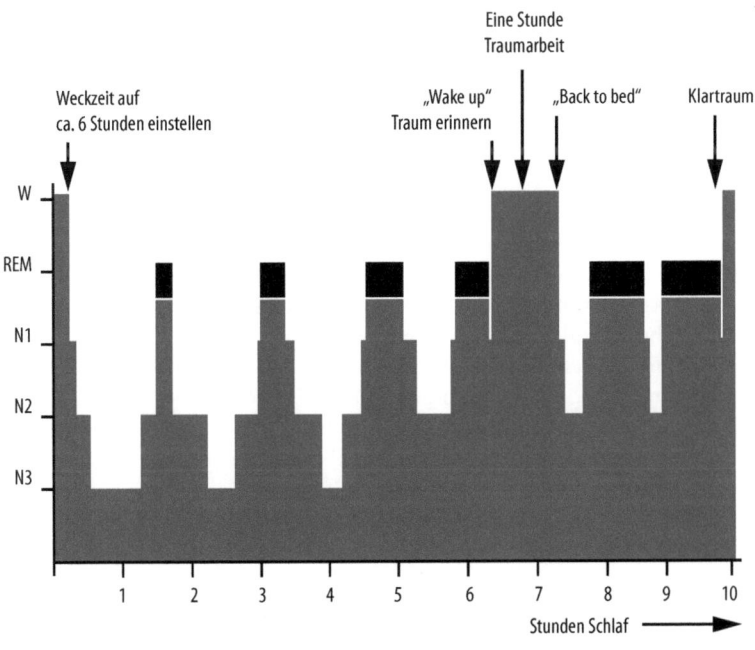

Abbildung 6   Ablauf „Wake up, back to bed"

C Kritische Reflexion

Kurz und knapp

- ✓ Stellen Sie sich tagsüber mehrmals die Frage, ob sie gerade wach sind oder träumen.
- ✓ Kontrollieren Sie dabei kritisch die „Naturgesetze".
- ✓ Im Wachen kommen Sie immer zu dem Schluss, dass Sie wach sind.
- ✓ Stellen Sie sich die Frage möglichst in solchen Situationen, die eine große Ähnlichkeit mit Traumerlebnissen besitzen.
- ✓ Das häufige Stellen der Frage im Wachzustand wird sich auf den Traum übertragen und Ihnen helfen, bewusst zu träumen.

Die Reflexionsübung ist eine „Klarheit gewinnende Technik". Die Technik wurde von Paul Tholey entwickelt. In dem Artikel „Wach' ich oder träum' ich?", der 1982 in der Zeitschrift *Psychologie Heute* erschien, beschreibt er ausführlich, wie man die Übung durchführt. Im Zentrum steht die kritische Frage: „Bin ich wach oder träume ich?". Stellt man sich diese Frage regelmäßig am Tag – so die Idee –, entwickelt man eine kritisch-reflektierende Einstellung. Die kritisch-reflektierende Haltung wird sich dann früher oder später auch in den Träumen durchsetzen. Wenn man dann jedoch die Realität überprüfen würde, wäre sehr schnell klar: „Das ist ein Traum!"

Um diese Technik sinnvoll einzusetzen, hat Tholey 10 Punkte zusammengestellt, die Sie befolgen sollten. Sie gehen über das einfache Beantworten der kritischen Frage hinaus. Trotzdem benötigt man für diese Übung im Einzelnen nicht mehr als eine Minute.

1. Stellen Sie sich am Tag fünf- bis zehnmal die kritische Frage: „bin ich wach oder träume ich?"

2. Versuchen Sie, sich intensiv vorzustellen, dass Sie sich in einem Traum befinden: Alles, was Sie in diesem Moment wahrnehmen, auch Ihr Körper, ist bloß erträumt!

3. Achten Sie bei der Prüfung der Frage nicht nur auf das, was augenblicklich geschieht, sondern auch auf das, was zuvor passiert ist. Stoßen Sie auf etwas Ungewöhnliches oder haben Sie Erinnerungslücken?

4. Überprüfen Sie die Wirklichkeit mit einem Realitätstest (zum Beispiel Lesetest) und überzeugen Sie sich davon, dass Sie wach sind.

5. Stellen Sie die kritische Frage grundsätzlich in allen Situationen, die für Träume charakteristisch sind; also immer, wenn etwas Überraschendes oder Unwahrscheinliches geschieht oder wenn Sie sich in einer extremen Gefühlslage befinden.

6. Besonders günstig für das Erlernen des Klarträumens ist es, wenn Sie Träume mit wiederkehrendem Inhalt haben. Erleben Sie im Traum etwa häufig Gefühle der Peinlichkeit oder tauchen in Ihren Träumen häufig Hunde auf? Dann stellen Sie sich in peinlichen Situationen des Wachlebens, beziehungsweise wenn Sie tagsüber einen Hund sehen, die Frage nach dem Bewusstseinszustand.

7. Haben Sie häufiger Traumerlebnisse, die im Wachzustand nicht oder sehr selten vorkommen, wie etwa das Erlebnis des Schwebens oder Fliegens, dann versuchen Sie, sich im Wachzustand intensiv in ein solches Erlebnis hineinzuversetzen und es mit dem Gedanken zu verbinden, dass Sie sich im Traumzustand befinden.

8. Schlafen Sie mit dem Gedanken ein: „Ich werde einen Klartraum erleben!" Wie in der „Wake up, back to bed"-Übung beschrieben, ist es hilfreich, wenn Sie in der Nacht aufgewacht sind und in den frühen Morgenstunden wieder einschlafen. Vermeiden Sie bei diesem Gedanken aber jegliche bewusste Willensanstrengung.

9. Nehmen Sie sich vor, im Traum eine ganz bestimmte Handlung auszuführen! Hierzu eignen sich einfache Bewegungsabläufe jeder Art.

10. Üben Sie am Anfang ohne Unterbrechung, aber nicht mit Verbissenheit, und setzen Sie sich keine Frist, sondern bewahren Sie Geduld!

Tipps für einzelne Schritte

Zu Punkt 1. Da Sie sich die kritische Frage bis zu zehnmal am Tag stellen sollen, ist es sinnvoll, die Übung mit geregelten Tagesereignissen zu koppeln. Führen Sie die Übung beispielsweise durch, wenn Sie morgens frühstücken oder wenn Sie zur Arbeit fahren. Notieren Sie sich in Ihrem Traumtagebuch, zu welchen Gelegenheiten Sie die Übung tagsüber durchführen wollen. Kontrollieren Sie sich am Abend selbst, ob Sie fleißig geübt haben.

Zu Punkt 4. Einer der verlässlichsten und einfachsten Realitätstests ist der in Kapitel 5 vorgestellte „Lesetest". Nehmen Sie sich etwas zu lesen zur Hand und lesen Sie das Gedruckte sehr genau. Ein Satz reicht aus. Schauen Sie nun für ein paar Sekunden weg und richten Sie dann Ihren Blick wieder auf das gerade Gelesene. Ist der Satz gleich geblieben? Wiederholen Sie den Test! Wenn Sie immer noch die gleichen Worte lesen können, werden Sie mit Sicherheit wach sein. In der Traumwelt würde sich das Gedruckte in etwas anderes verändern oder ganz verschwinden. Schauen Sie auch noch mal in das Kapitel 5 und lesen Sie den Abschnitt über „Klarträume stabilisieren".

Zu Punkt 6. Wiederkehrende Traumerlebnisse sind besonders günstig, da speziell diese Ereignisse in der Wachwelt mit der Übung gekoppelt werden können. Erleben Sie solch wiederkehrendes Traumgeschehen? Schauen Sie dazu immer wieder in Ihre vergangenen Traumberichte und extrahieren Sie Traumhinweise wie in Anhang A beschrieben.

Zu Punkt 7. Genau wie bei dem vorangegangenen Punkt geht es jetzt darum außergewöhnliche Traumerlebnisse zu notieren, welche sehr selten in der Wachwirklichkeit auftreten. Unterstreichen Sie diese in Ihren Traumberichten, machen Sie sich Randnotizen, arbeiten Sie mit Ihren Träumen!

Zu Punkt 9. Sich vorzunehmen, etwas Bestimmtes im Traum zu tun, kann ein frühzeitiges Traumausscheiden verhindern. Vor allem ungeübte Klarträumer sind in dem Moment so aufgeregt, dass Sie die Euphorie schlicht und einfach aufwachen lässt. Wie in Kapitel 5 beschrieben, kann eine gezielte Handlung das Traumgeschehen stabilisieren. Sie sollten für Ihre Klarträume immer schon Pläne in der Tasche haben – oder einen Wunschzettel. Überlegen Sie sich also am Vorabend, was Sie in der Traumwelt erleben wollen. Oftmals vergisst man, was man eigentlich in seinem Traum tun wollte. Bewahren Sie deshalb einen kühlen Kopf und haben Sie ein klares und einfaches Ziel vor Augen. Für den Anfang würde ich – wie in Kapitel 5 beschrieben – Folgendes vorschlagen: fliegen, durch eine Wand gehen, Gegenstände berühren und Pirouetten drehen.

D Direkt in den Klartraum

Zuletzt die Anweisungen für eine „Klarheit bewahrende Technik". Das Ziel ist ein Kunststück: Der Geist soll wach bleiben, während der Körper einschläft. Einigen Menschen scheint diese Technik sehr leicht zu fallen, und sie erreichen so den Klartraumzustand einfach. Anderen wird diese Technik nur als Einschlafhilfe dienen. Entscheidend bei der wach induzierten Klartraumtechnik ist es, den Punkt des Einschlafens zu erkennen. Konzentrieren Sie sich dabei auf die unten beschriebenen Vorgänge, und Sie werden feststellen: Der Einschlafprozess unterliegt gleichbleibenden Mustern.

Die Anweisungen für diese Technik sind nicht so rezeptartig wie bei „wake up, back to bed" oder der Reflexionsübung. Das Problem liegt darin, dass sich *Denken* und *Einschlafen* eigentlich gegenseitig ausschließen: Es ist üblicherweise nicht möglich, einzuschlafen, wenn man seinen Gedanken nachgeht. Jetzt sollen Sie aber in dem Moment, in dem Sie einschlafen, Ihre Gedanken aufrecht erhalten. Das widerspricht dem oben beschriebenen Mechanismus. Üblicherweise werden Sie bei diesem Balanceakt verlieren: Entweder Sie geben sich den Einschlafbildern hin und schlafen ein – oder Sie versuchen verbissen, Ihre Gedanken aufrecht zu erhalten und bleiben wach.

Das richtige Maß ist hier gefragt. Sie sollten die nachfolgenden Anweisungen genau durchgehen. Selbst wenn Sie keinen Erfolg haben und keinen Klartraum dadurch erleben, wird es eine interessante Erfahrung für Sie sein. Bei den Anweisungen orientiere ich mich wieder an Paul Tholey. In seinem Artikel „Wach' ich oder träum' ich?" unterscheidet er zwei Möglichkeiten, worauf man seine Aufmerksamkeit beim Einschlafen lenken kann: Die Bild- und die Körper-Technik.

Bild-Technik. Bei der ersten Technik liegt die Aufmerksamkeit auf den optischen Erscheinungen beim Einschlafen. Sie sind meist flüchtiger Natur, und es erfordert einige Übung, sie bewusst verfolgen zu können. Trotz großer individueller Unterschiede lässt sich häufig eine bestimmte Abfolge von Erscheinungen beobachten:

/ **Man sieht zunächst Lichtblitze und geometrische Strukturen von rasch wechselnder Form.**

/ **Es folgen sehr lebhaft Bilder von Gegenständen oder Gesichtern, die nur eine kurze Zeit andauern, bevor sie wieder verschwinden.**

/ **Schließlich kommt es zur Ausbildung von ganzen Szenen, die zunächst aufblitzen, sich dann aber immer mehr stabilisieren.**

Gelingt es, die Klarheit über den Bewusstseinszustand bis zum Erscheinen solcher Szenarien aufrechtzuerhalten, kann man plötzlich in sie hineinversetzt werden und sich in ihnen frei bewegen. Auch hier wieder der Tipp: Nehmen Sie sich vor dem Einschlafen vor, eine bestimmte Handlung im Traumzustand auszuführen. Verliert man nämlich während des Einschlafvorgangs die Klarheit über den Bewusstseinszustand, kann man sie über die Erinnerung an die Handlungsabsicht im Traum wiedergewinnen. Während des Einschlafens ergeben sich äußerst lebhafte Vorstellungen. Diese „Einschlafbilder" ähneln sehr stark Traumbildern und Traumlandschaften, allerdings wird ihre Handlung von den verschiedenen Sinneseindrücken beeinflusst, und sie sind von geringerer Länge als Träume. Diese Einschlafbilder nennt man *hypnagoge Träume*.

Körper-Technik. Achtet man während des Einschlafens auf seinen Körper, so kommt es vor, dass dieser zu erstarren beginnt. Je nachdem, wie man den Zustand der Starre überwindet, kann man von einer Ein-Körper-Technik oder einer Zwei-Körper-Technik sprechen.

Mit Hilfe der Zwei-Körper-Technik, kann man „außerkörperliche" Erlebnisse der verschiedensten Art erzeugen. Dabei löst man sich mit einem zweiten Körper, dem „Astralleib", aus dem erstarrten Körper. Paul Tholey macht an dieser Stelle deutlich, dass es sich dabei um traumähnliche Erlebnisvorgänge und nicht um Vorgänge in der physikalischen Welt handelt. Er grenzt sich dadurch von esoterischen Auffassungen ab und schlussfolgert: „Aus dem physischen Organismus kann man sich, entgegen der Annahme der Esoteriker, nicht lösen".

Ist man sich darüber im Klaren, so braucht man sich keinerlei Gedanken über die Frage zu machen, ob man wieder in seinen physischen Organismus zurückkommt.

Wichtig ist nur, dass man sich intensiv vorstellt, einen zweiten beweglichen Körper zu haben, mit dem man aus dem starren Körper herausschwebt, herausfällt, sich herausdreht oder auf irgendeine beliebige andere Art herauslöst. Hat man sich von dem starren Körper getrennt, kann sich der zweite Körper wie der eigentliche Wachkörper anfühlen. Meist erlebt man jedoch einen kurzen Übergang in dem man den zweiten Körper als „luftig" oder „feinstofflich" empfindet.

Einfacher ist die Ein-Körper-Technik, bei der man den erstarrten Körper selbst wieder (erlebnismäßig) beweglich macht. Dazu versucht man sich in eine andere Lage oder an einen anderen Ort zu versetzen als der physische Organismus, der sich schlafend im Bett befindet. Die Verwirklichung dieses Erlebnisses fällt relativ leicht, weil man mit fortschreitendem Einschlafen immer weniger Sinnesinformationen über die physikalischen Gegebenheiten hat. Erlebt man dann tatsächlich, dass der eigene Körper nicht mehr im Bett liegt, so löst sich dessen Starre nach kurzer Zeit auf.

Eine andere Methode, den erstarrten Körper wieder beweglich zu machen, besteht darin, ihn zunächst (im Erleben) zu einem „luftigen" Gebilde zu verflüchtigen und anschließend wieder zu einem beweglichen Körper zu verfestigen.

Paul Tholey weist in seinen Ausführungen darauf hin, dass der Zustand der Starre kein notwendiges Zwischenstadium bei der Körper-Technik ist. Erfahrene Klarträumer können die beschriebenen Varianten dieser Technik anwenden, bevor der Körper in einen – manchmal als unangenehm erlebten – Zustand der Starre verfällt. Man bekommt allmählich ein gutes Gefühl dafür, zu welchem Zeitpunkt man die beschriebenen Übergangserlebnisse zwischen Wach- und Traumzustand am besten verwirklichen kann. Bei der Anwendung der Körper-Technik erscheint die Umgebung anfangs meist dunkel, hellt sich aber allmählich auf, wenn man sich von dem Ort entfernt, an dem man sich zu Beginn befunden hat.

E Quellenverzeichnis

Abbildungen

Abbildung 1 „Standardableitung nach AASM" auf Seite 10. Aus Iber, C., Ancoli-Israel, S., Chesson, A., & Quan, S. F. (Eds.). (2007). *The AASM manual for the scoring of sleep and associated events: Rules, terminology and technical specifications* (1st ed.). Westchester, IL: American Academy of Sleep Medicine. Überarbeitet von Daniel Erlacher.

Abbildung 2 „Idealisiertes Schlafprofil" auf Seite 12. Erstellt von Daniel Erlacher.

Abbildung 3 „Aufzeichung eines Klartraums von Stephen LaBerge" auf Seite 24. Aus LaBerge, S. (1990). *Lucid dreaming: Psychophysiological studies of consciousness during REM sleep*. In R.R. Bootzin, J.F. Kihlstrom & D.L. Schacter (Eds.), Sleep and cognition. Washington, DC: APA.

Abbildung 4 „Aufzeichnung eines Klartraums aus unserem Labor" auf Seite 26. Unveröffentlichte Daten von Daniel Erlacher.

Abbildung 5 „Klartraumhäufigkeit pro Monat über drei Jahre von LaBerge" auf Seite 29. Aus LaBerge, S. (1980). Lucid dreaming as a learnable skill: A case study. *Perceptual and Motor Skills, 51*, 1039–1042. Überarbeitet von Daniel Erlacher.

Abbildung 6 „Ablauf ,Wake up, back to bed'" auf Seite 51. Erstellt von Daniel Erlacher.

Tabellen

Tabelle 1 „Schlafstadien, Bezeichnungen und prozentuale Schlafanteile eines gesunden Schläfers" auf Seite 11. Aus Stuck, B. A., Maurer, J. T., Schredl, M., & Weeß, H.-G. (2009). *Praxis der Schlafmedizin. Schlafstörungen bei Erwachsenen und Kindern Diagnostik, Differentialdiagnostik und Therapie*. Heidelberg: Springer Medizin. Seite 3–4. Prozentwerte angepasst.

Tabelle 2 „Realitätscharakter von Tagebuchträumen (aus Schredl, 1999)" auf Seite 14. Aus Schredl, M. (1999). *Die nächtliche Traumwelt: Eine Einführung in die psychologische Traumforschung*. Stuttgart: Kohlhammer. Seite 64.

Tabelle 3 „Antworthäufigkeiten auf die Frage ,Wie häufig erleben Sie Klarträume?' in einer für Deutschland repräsentativen Befragung" auf Seite 21. Aus Schredl, M. & Erlacher, D. (eingereicht). *Lucid dreaming frequency in a representative German sample*.

Tabelle 4 „Unterschiedliche Möglichkeiten zum Erlernen von Klarträumen" auf Seite 27. Angelehnt an Schredl, M. (2008). *Traum*. München: Ernst Reinhardt. Seite 78.

Tabelle 5 „Ergebnisse unserer eigenen Studien zur Induktion von Klarträumen durch taktile, visuelle und akustische Reize und die ,Wake up, back to bed'-Methode" auf Seite 32. Unveröffentlichte Daten von Daniel Erlacher.

Tabelle 6 „Tätigkeiten für den Klartraum" auf Seite 38. Aus Johnson, M. (2007). *Luzides Träumen. Ergebnisse einer Online-Befragung*. Universität Mannheim: Unveröffentlichte Diplomarbeit.

Tabelle 7 „Anzahl der Nennungen für die fünf Kategorien aufgeteilt nach Häufigkeit und Gesamtzahl" auf Seite 39. Unveröffentlichte Daten von Daniel Erlacher.

Definitionen

Definition „Ein Traum ist die psychische Aktivität während…" auf Seite 13. Aus Schredl, M. (2008). *Traum*. München: Ernst Reinhardt.

Definition „Ein Klartraum ist ein Traum, in dem…" auf Seite 16. Aus LaBerge, S. (1985). *Lucid dreaming. The power of being awake and aware in your dreams*. Los Angeles: Tarcher.

Definition „Beim Klarträumen ist man sich während des…" auf Seite 20. Aus Schredl, M. & Erlacher, D. (eingereicht). *Lucid dreaming frequency in a representative German sample*.

Traumbeispiele

Traumbeispiel „…aus Moers-Messmer (1939)" auf Seite 17. Aus Moers-Messmer, H. v. (1939). Träume mit der gleichzeitigen Erkenntnis des Traumzustandes. *Archiv für die Gesamte Psychologie, 102*, 291–318. Seite 293–294.

Traumbeispiel „… aus Erlacher (2007)" auf Seite 19. Aus Erlacher, D. (2007). *Motorisches Lernen im luziden Traum: Phänomenologische und experimentelle Betrachtungen*. Saarbrücken: VDM. Seite 25.

Traumbeispiele „… aus Erlacher (2010)" auf Seite 40. Unveröffentlichte Daten einer Online-Befragung von Daniel Erlacher.

Traumbeispiel „…aus Tholey & Utecht (1997)" auf Seite 42. Aus Tholey, P., & Utecht, K. (1997). *Schöpferisch Träumen. Der Klartraum als Lebenshilfe* (3. Aufl.). Eschborn: Klotz. Seite 88.

Weitere Quellen

Erlacher, D. (2005). *Motorisches Lernen im luziden Traum: Phänomenologische und experimentelle Betrachtungen*. URL: http://www.ub.uni-heidelberg.de/archiv/5896.

Erlacher, D., Schredl, M., Watanabe, T., Yamana, J., & Ganzert, F. (2008). The incidence of lucid dreaming within a Japanese university student sample. *International Journal of Dream Research, 1*, 39–43.

Gackenbach, J., & LaBerge, S. (1988). *Conscious mind, sleeping brain. Perspectives on lucid dreaming*. New York: Plenum.

LaBerge, S., & Rheingold, H. (1990). *Exploring the world of lucid dreams*. New York: Ballantine.

Malcolm, N. (1956). Dreaming and Skepticism. *Philosophical Review, 65*, 14–37.

Schredl, M. (2007). *Träume. Die Wissenschaft enträtselt unser Nächtliches Kopfkino*. Berlin: Ullstein.

Strelen, J. (2006). *Akustisch evozierte Potentiale bei luziden Träumen*. Universität Mainz: Unveröffentlichte Doktorarbeit.

Tholey, P. (1982). Wach' ich od er träum' ich? *Psychologie Heute, 9*, 68–78.

Waggoner, R. (2009). *Lucid dreaming: Gateway to the inner self*. Needham: Moment Point.

Yuschak, T. (2006). *Advanced lucid dreaming. The power of supplements*. Lulu Enterprises.

Internetseiten

http://klartraumforum.de → Forum zum Thema Klartraum mit über 4.000 Mitgliedern

http://klartraum.de → Informationen zum Klartraum von Dr. Daniel Erlacher

http://dreamresearch.de → Informationen zur Traumforschung von Prof. Michael Schredl

http://ijodr.org → Wissenschaftliche Online-Zeitschrift zur Traumforschung